KB095837

◈ 한민족 문화의 원형

【신교】

神敎

◉ 증산도상생문화총서 009

한민족 문화의 원형, 신교神敎

발행사항 : 2010년 12월 22일 초판 1쇄
2011년 11월 11일 2쇄
글쓴이 : 황경선
펴낸이 : 안중건
펴낸곳 : 상생출판
주소 : 대전광역시 중구 선화동 289-1번지
전화 : 070-8644-3161
팩스 : 042-254-9308
E-mail : sangsaengbooks@sangsaengbooks.co.kr
출판등록 : 2005년 3월 11일(제175호)
배본 대행처 / 대원출판

ISBN 978-89-94295-17-6
ISBN 978-89-94295-1-4(세트)

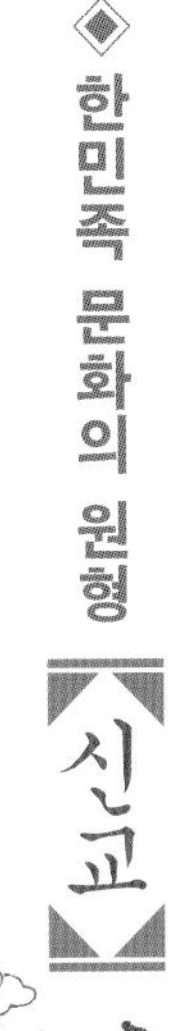

황경선 지음

서序

하늘에 대한 제사는 사람을 근본으로 삼는다〔祭天之儀以人爲本(제천지의 이인위본), 「단군세기」〕고 한다. 『환단고기』란 사서에 나오는 말이다. 『삼성기』, 『단군세기』 등으로 이뤄진 『환단고기』는 환국-배달-단군 조선 등 우리의 상고시대로부터 고려로 이어지는 나라의 정통맥〔국통〕을 밝히고 우리 민족의 삶과 얼을 전해주는 책이다. 많은 놀라움과 감격, 때로는 의구심을 주기도 하는 이 책에서 가장 인상적인, 매혹적이었던 구절 중의 하나다.

제천의례에서 하늘이나 하느님이 아니라 사람을 위주로, 사람을 위함을 근본으로 한다는 것이다. 발상이 신선한 이 말의 올바른 뜻은 『환단고기』의 전체 흐름 속에서 밝혀진다. 인간을 극진히 위하는 일은 그로 하여금 자신의 본성을 다 실현하여 인간완성을 이루도록 하는 것이다. 인간으로 하여금 그가 되어야 할 참모습으로 살도록 이끌어주는 것이 그를 위하는, 진정한 길이 된다. 이것이 제천의 의미라는 것이다.

인간성숙과 완성을 향해 닦는 것을 수행이라고 한다. 그래서 한국 고대에서 제천의례는 수행의 의미를 갖는다. 인간을 위하는 제천에서 이상적인 인간 경계에 이른다는 것이다. 또한 이로부터 완성된 인간에 이를 때 하느님을 올바로 섬길 수 있다는 뜻도 새길 수 있겠다.

그와 같은 인간의 이상적 경계를 전통적으로 선仙(신선)이라고 부른다. 인간으로서 주어진 모든 가능성을 온전히 구현하여 무병장수와 조화를 누리는 자유자재한 삶이다.

그럼으로 위의 인용문에는 하느님 신앙과 선仙, 천제문화와 선이 결속돼 있다는 뜻이 함축 되어있다. 그런데 이것은 옛날부터 우리 겨레의 정치와 종교 등 모든 삶을 지배한 신교문화의 주요한 특성이다. 먼 옛날 우리 민족은 신교문화 속에 생활하는 사람들이었다. 그것은 또 "본래 뭇 종교의 뿌리로 동방 한민족의 유구한 역사 속에 그 도맥道脈이 면면히 이어져"(『증산도 도전』 1:8:1) 온 것이다. 요컨대 하느님 신앙과 선, 천제문화와 선은 동방의 역사 내내, 때로 밝게 빛나고 때로 희미해지면서, 결코 사라짐이 없이 강건하게 굽이쳐온 불멸의 이념이었던 것.

> "하늘에서 동방의 이 땅에 이름 없는 한 구도자를 불러 세워 신교의 도맥을 계승하게 하고 후천개벽後天開闢으로 새 세상이 열릴 것을 선언토록 하셨나니 그가 곧 동학東學의 교조 수운水雲 최제우崔濟愚 대신사大神師니라."(『도전』 1:8:4~5)

『도전』의 1편 8장에 나오는 말씀으로, 하늘에서 그 장구한 신교의 맥을 조선조 후기 동학을 개창한 수운에게 계승토록 했다고 밝히고 있다. 물론 계승만이 아니라 그 시작과 완성도 어김없이 하늘의 안배에서 벗어남이 없을 터다. 아울러 후천개벽으로 새 세상이 열린다는 소식을 선언토록 명했다는 것이다.

이 글은 먼 옛적 동방의 이 땅에 하느님 신앙과 선의 일체성을 중핵으로 하는 신교가 하늘의 섭리에 따라 어떻게 생겨났으며, 그것이 수운에 어떻게 이어지는지 살펴볼 것이다. 그리고 최종적으로 그것이 어떻게 결실을 맺게 되는지 드러내 보고자 한다. 이 가운데 후천개벽의 소식이 무엇이며 그것이 신교와 어떤 연관을 맺는 것인지 밝혀질 것이다.

그러기 위해서는 먼저 신교에 대해 보다 자세히 알아보는 데서부터 논의가 시작돼야 할 것이다. 이에 따라 이글은 크게 다음의 순서로 진행된다. 1. 신의 뜻으로 살다 2. 수운, 신교의 맥을 잇다 3. 신교, 선의 세상에서 완성되다

차례

Chapter 1

신神의 뜻으로 살다

-첫 번째 물음-

1장에 대한 본격적인 논의에 들어서기에 앞서 고구려 건국 과정과 관련된, 하나의 물음을 던진다. 의문 혹은 수수께끼 하나를 품고 1장의 논의 속으로 들어서보자는 것이다.

기원전 37년경 동부여에서 한 인물이 무리를 이끌고 졸본에 찾아온다. 스스로 띠풀 자리 위에 앉아 임금이 되고 신하를 정한, 고구려의 개국 시조인 고주몽이다. 주몽은 해모수 단군의 아들인 고진의 손자 고모수와 하백의 딸 유화 사이에 태어났다. 그의 선조 해모수 단군은 하늘에서 내려와 북부여의 1세 단군에 등극하여 고조선의 국통을 계승한 천자였다. 따라서 주몽 또한 천손이었던 것. 주몽이 동부여를 도망쳐 나올 때 강물로 길이 막히자 "나는 천제의 아들이다."라고 소리친 것도 강의 신을 향해 자신의 신분을 밝힌 것이다. 그러자 물 속에서 물고기와 자라 등이 나와 다리를 놓아 주어 주몽 일행이 무사히 강을 건넜다는 얘기는 익히 알려진 바와 같다.

나라를 창업한 그와 이웃 나라 비류국의 송양왕 사이에 다툼이 일어난 것은 불가피한 일이었을지 모른다. 송양왕은 선인의 후예〔仙人之後〕로서 여러 대에 걸쳐 나라를 다스리고 있었다. 여기서 선인은 단군을 가리킨다(일설에는 북부여의 5세 단군으로서 졸본에서 즉위하여 졸본 부여 시대를 연 동명왕 고두막한의 뒤를 이은 고무선 단군으로 보기도 한다. 동명왕은 단군 조선 47대 고열가 단군의 후손이기도 하다. 동부여는 기존 북부여 왕실이 동쪽 변방으로 이주하여 개창한 나라.) '천제의 아들'임을 내세운 주몽과 '선인의 후손'임을 자랑하는 송양왕 사이의 싸움은 비류 땅에 이레 동안 장맛비를 퍼붓게 하는 조화를 부린 주몽의 승리로 끝난다.

여러 문헌을 종합하여 간략히 재구성한 이 얘기에서 주목하고 싶은 것은 싸움의 결과나 조화의 신기함이 아니다. 두 사람은 모두 천제의 화신 혹은 아들로서 그를 대신해 세상을 다스린 단군의 적통을 이어받았음을 내세워 정통성을 주장하고 있다. 둘 다 단군의 후예라는 것이다. 그런데 이들은 같은 뿌리 되는 단군을 천제의 아들로, 또 선인으로 밝히고 있다는 점이다. 왜 이들은 동일한 단군을 상이한 이름으로 부르는 것일까? 이 둘만이 아니다. 다른 사서들을 보면 단군 왕검은 신인神人이나 선인仙人으로 기록돼 있다.

이것은 단순한 호칭의 혼용에 불과할까? 아니면 단군 자신이 천제의 아들이나 대행자인 동시에 선이기 때문이지 않을까? 단군은 천제의 아들로서 천제를 섬기면서 그와 같은 제천의례 속에서 선에 이르렀기에 그런 것은 아닐까? 한마디로 하느님 신앙과 선을 한 몸에 지녔기에 그런 것은 아닐까?

1) 신교 미리보기

-신교에 대한 여러 규정-

신교는 이신설교以神設敎의 줄임말로 본다. 이신설교를 문자적으로 풀면, 신으로써 가르침을 베푼다는 뜻. 이 말은 조선 숙종 때의 인물로 추정되는 북애자가 지은 『규원사화』에서 찾아볼 수 있다.

> "내 생각에 우리나라는 신으로 가르침〔神敎〕을 베풀고 옛것을 좇으니 그것이 풍속이 되어 사람들 마음이 점차 안정되었다."(『규원사화』 「단군기」)

뒤에 가서 또 이런 말도 나온다.

> "세상에서는 근본 유래를 알지 못하고 단지 중국책에 의지하여 선교仙敎는 황로黃老의 줄기에서 뻗어 나왔다고 하나, 신령으로써 가르침을 베푸는 신교神敎가 신시시대부터 있어 거기에서 비롯되었다는 것을 알지 못하고 있다."(『규원사화』 「단군기」)

선이란 무병장생의 생명을 누리고 천지조화의 권능을 지녀 자유자재한 삶의 경계에 이른 이상적 인간으로 규정한다. 그리고 그 같은 경계는 인간 본성의 회복이나 실현〔佺〕이기에 인간의 신화神化로 이해된다. 이러한 선을 지향하는 선교는 중국의 황제와 노자를 통해 성립된 줄로 알지만 우리 민족의 신교에서 비롯됐다는 것이다. 이때의 선, 즉 하늘에 뿌리를 둔 선은 단순히 유교, 불교와 함께 기존 종교의 한 갈래를 이루는 선(도교나 도가 등)과는 다른 것이란 점에 유의해야 한다.

그보다 약간 후대의 인물인 이종휘의 문집(수산집修山集)에 포함된 『동사東史』에서도 같은 표현을 볼 수 있다.

> "신시 세상에서는 신으로써 가르침을 베풀었는데(以神設教) 그 신에는 풍사風師·운사雲師·우사雨師와 무릇 목숨을 주관하고(主命), 질병을 주관하고(主病), 형벌을 주관하는(主刑) 등 360여 가지 일을 주관하는 것이 있었다."(『동사東史』, 148쪽)

또 이들에 앞서 조선 성종 때 서거정 등이 편찬한 『동문선』에는 "신도로써 가르침을 베푸니 태평이 가득히 차다[神道設教大平持盈]"고 언급돼 있다.

또 『규원사화』와 더불어 대표적 도가 사서로 꼽히는 『환단고기』의 여러 사서 곳곳에 비슷한 개념들이 등장한다.

> "대개 신시개천 이후로 세검한몸의 원리 성스러운 교화가 퍼지기 시작하여(神理聖化) 해가 갈수록 더욱더 깊어져 나라를 세우고 세상을 다스리는 큰 근본이 되었다."

"환웅이 나라를 세워 다스릴 적에 삼신으로써 가르침을 베풀어〔乃以三神設教〕";

"그러므로 삼신으로써 가르침의 목표를 세우고〔以三神入教〕…";

"…위로 삼신을 받들고 여러 백성들에게 가까이 다가가 교화토록 하라〔上奉天神 接化群生〕";

"하늘에 제사지냄을 근본 가르침으로 삼고〔祭天爲教〕";

"신(삼신)으로써 가르침을 베풀어〔以神施教〕" 등.[1]

여기서 삼신은 신교문화에서 궁극적인 신을 가리키는 이름으로 일단 이해하고 넘어 가면 되겠다.

『단조사고』란 책에서는 『신사지』를 인용하여 이렇게 밝히고 있다.

"'신시의 시대에 신神으로써 교를 베풀었다'라고 하였다… 《속완위여편》에 이르기를 '동방에 단군이 먼저 나와서 신성의 교화로 백성을 가르침에 두텁고 부지런하여 강성한 겨레가 되었다. 교의 이름은 부여는 대천교代天教라 하고 신라는 숭천교崇天教라 하고 고구려는 경천교敬天教라 하고 고려는 왕검교王儉教라 하는데, 매년 시월에 하늘에 절을 한

1 이하의 『환단고기』의 인용문 가운데 『삼성기』, 『단군세기』, 『북부여기』의 그것은 안경전 역주, 『삼성기』; 『단군세기』; 『북부여기』에서, 그 밖의 기록은 단학회 연구부 엮음, 『환단고기』에서 따온 것임을 밝혀둔다.

다' 라고 하였다."[2]

흥미로운 것은 동양의 오래된 고전의 하나인 『주역』 에서도 신교를 시사하는 구절이 발견된다는 점이다.

> "성인이 신도로써 가르침을 편다.〔聖人以神道設教.〕"(『주역』 관觀)

신도의 내용이 무엇이며 성인이 누구인지 궁금하다.

한참 세월이 지난 뒤 신교의 존재는 통일 신라의 대학자 최치원이[3] 남긴, 유명한 「난랑비서」에서 입증된다.

> "우리나라에 현묘한 도가 있는데 이를 풍류風流라고 한다. 교教를 설設한 근원은 『선사仙史』에 자세히 실려 있거니와, 내용은 곧 삼교를 포함包含하는 것으로서, 군생群生을 접촉하여 감화시킨다. 이를테면 들어와 부모에게 효도하고 나아가 나라에 충성하는 것은 노사구魯司寇〔공자〕의 주지主旨와 같고, 무위無爲로써 세상일을 처리하고 말없는 가르침을 행하는 것은 주주사周柱史〔노자〕의 종지와 같으며, 모든 악

2 김교헌·박은식·유근 엮음, 『단조사고』, 28~29쪽.

3 최치원(857~?)은 신라 말기의 학자·문장가. 본관은 경주며 자는 고운孤雲해운海運이다. 12세에 당나라로 유학하여 18세에 빈공과에 합격하였다. 「토황소격討黃巢檄」을 남기는 등 문명을 떨친 그는 귀국 후 10여 년 산의 관료생활을 지내기도 했다. 이후 유랑생활을 거듭하였으며, 908년(효공왕 12)까지의 행적만이 전할 뿐이다.

한 일을 하지 않고 모든 착한 일을 받들어 행하는 것은 축건태자竺乾太子〔석가〕의 교화와 같다."

최치원은 풍류라고 불리는, 우리나라의 현묘한 도의 존재를 언급하고 있다. 이는 여기서 다루는 우리 민족의 고유한 신교와 같은 것일 터다. 뿐만 아니라 그는 그것의 내용까지도 소개하고 있다. 그리고 이런 얘기들이 『선사仙史』라는 문헌에 이미 자세히 실려 있다고 밝히고 있다.[4]

그는 신교의 주요한 특성으로 삼교의 핵심 주장을 포함하고 있다는 점을 들고 있다. 글의 문맥을 보면 하나의 원형으로서 신교가 먼저 있는데, 삼교를 통해 들여다보면 그것들의 종지들이 그 안에 이미 담겨 있다는 식으로 이해해야 함을 알 수 있다. 참고로 부모에 효도하고 나라에 충성하는 것은 말할 것도 없이 널리 알려진 유교의 주장이고, "무위無爲로써 세상일을 처리하고 말없는 가르침을 행하는 것"은 『노자』 제2장에, "모든 악한 일을 하지 않고 모든 착한 일을 받들어 행하는 것"은 불교의 『열반경涅槃經』과 『증일아함경增一阿含經』에 발견된다. 이에 대해서는 나중에 다시 다루기로 한다. 다만 풍류란 이름에 대해서 잠시 살

4 '선사仙史'에 관해서는 또 다른 언급이 있다. 단재 신채호는 "「仙史」는 곧 王儉 設敎 이래 역대 「선배」의 事蹟을 기록한 것이니, 후세에 儒·佛 兩敎가 互盛하면서 「수두」의 교가 쇠퇴하고, <仙史>도 遺亡하여 그 詳細는 알 수 없으나, 支那古書-屈原의 <楚辭>, 史馬遷의 <史記>, 班固의 <漢書>에 散見한 것으로 오히려 그 대개를 알수 있다."(신채호, 『조선상고사』 上, 109쪽)

펴보기로 하자.

어원분석을 통해 풍류의 뜻을 밝히는 한 시도에 따르면, 풍류는 배달(환웅천왕이 세운 나라 이름)이나 배달의 도를 가리킨다.[5] 풍류에서 풍은 '붉'〔태양, 밝음〕을 이두문식으로 표기한 글자다. 『훈몽자회』에 풍은 발함풍~발암풍~바람풍으로 읽는다고 나온다. '붉'〔태양, 밝음〕을 글로 적기 위해 발함, 바람이라 읽는 풍을 취한 것이다. 그래서 풍산이나 백산, 박산, 불함산이 다 같은 이름의 산이다. 모두 붉산, 밝은 산을 가리킨다. 또 류는 어떤가? 류는 흐를 류 또는 다르날(달아날) 류로 읽는다. 풍류의 '류'는 땅을 의미하는 달을 한자로 적기 위해 빌린 것이다. 그렇다면 풍류 혹은 풍월은 밝달, 배달을 의미한다. 그리고 밝과 배는 같이 쓰인다. 예컨대 새벽, 새박, 세배가 모두 같은 말〔새밝, 東明〕이다. 풍월에서 '월' 역시 달 월이다. 양주동의 경우는 '류'나 '월'이 붉의 끝음이 'ㄹ'임을 표시하는 것으로 풀이한다.

이런 어원 분석의 관점을 떠나서도 풍은 신으로 해석되거나 신의 상징으로 쓰인다. 따로 한 곳에 머물지 않지만 가지 않는 곳이 없는 바람에서 신을 떠올리는 것이다. 예컨대 신이 일으키는 조화의 활력을 '신바람'이라고 부르는 것을 상기해 보라. 대지에 이는 바람에서 신의 조화를 느끼는 것은 동, 서양이 다르지 않는

5 안호상, 『배달·동이는 동아문화의 발상지』, 246쪽 ; 도광순, 『風流道와 神仙思想』, 93쪽 주28) 참조.

가 보다. 헬라어로 프뉴마pneuma, 히브리어로는 루아흐ruach는 영靈을 뜻하는데, 바람과 숨의 동의어라고 한다. 보이지 않는 가운데 한 곳에 머물지 않고 두루 편재하면서 조화를 짓는 바람과 살아있는 것들의 생명인 숨을 신의 활동과 힘 또는 신으로 여긴 것이다.

어떻게 해석하든 풍월(도), 풍류(도)는 (밝은) 도 신교나 신도를 가리키는 이름이 된다. 최치원은 또 『계원필경』에서 상고의 풍風을 언급한다.

> "…상고의 풍風을 잘 일으켜서 길이 대동大同을 이루어 무릇 털을 이고 이빨을 머금은 것이나 물 속에 잠긴 것, 공중을 나는 것들까지도 모두 자비를 입어 해탈하게 한다."

한편 고려시대의 팔관회와 관련된 기록들은 신라 사회를 지배한 도가 선에 속함을 밝혀준다. 고려의 팔관회가 단순한 불교 행사가 아니라 고대 신교문화의 전통을 이어받은, 일종의 제천의례나 천신제의 성격을 갖는 것이란 점은 널리 알려진 사실이다.

> "11월에 팔관회를 베풀었다. …드디어 구정毬庭의 한 곳에 윤등輪燈을 설치하고 향등香燈을 곁에 벌여 놓고 밤이 새도록 땅에 가득히 불빛을 비추어 놓았다. 또 가설 무대를 두 곳에 설치하였는데 각각 높이가 5장 남짓하고 모양은 연대蓮臺와 같아서 바라보면 아른아른하였다. 갖가지 유희遊戲

와 노래·춤을 그 앞에서 벌였는데 사선악부四仙樂部의 용龍·봉鳳·상象·마馬·차車·선船은 모두 신라의 고사였다."(태조 원년조)

"선풍을 숭상하라. 옛날 신라에서는 선풍이 크게 행해졌었다. 그로 인하여 용천(용왕과 천신, 괄호 필자)이 환열하고 만물이 안녕하였다. 고로 조종 이래로 선풍을 숭상하여 온 지 오래되었다. 근래 양경의 팔관회는 날로 구래의 규격이 쇠퇴해 가고 유풍이 점점 쇠미해지고 있다. 지금부터 팔관회에서는 미리 양반으로 가산이 넉넉한 자를 골라 선가로 전해서 고풍을 준행하여 사람과 하늘이 다 기뻐하도록 하라."(의종 22년 3월조)

고려의 팔관회가 신라의 선풍을 따랐음을 밝혀주는 위의 기록들은 교를 설한 근원이 선사에 실렸다는 증언과 함께 신교와 선의 밀접한 관련을 시사하고 있다. 또 한 가지 주목되는 사실은 옛 신라에서 선풍이 행해져 천신이 크게 기뻐했다는 언급이다. 이는 신라의 선은 천신을 섬겼음을 증언하는 것인가?[6] 이와 관련 『화랑세기』의 다음과 같은 기록도 새롭게 조명된다.

"화랑은 선도仙徒이다…옛날에 선도는 단지 신神을 받드는 일을 주로 하였는데, 국공國公들이 (봉신을) 행한 후 선도는 도의道義를 서로 힘썼다."

6 최인, 『한국사상의 신발견』, 57쪽 참조.

선도인 화랑은 봉신, 즉 천신을 받드는 일을 주로 하였는데, 국공이 봉신을 행하면서부터는 도의에 힘쓰는 변화가 일어났다는 것이다.[7]

이로써 보건대 신교는 신으로써 가르침을 베푼다, 신의 뜻과 가르침으로써 세상을 다스린다, 신을 인간 생활의 중심으로 삼는다는 폭넓은 의미를 갖는다. 그것은 단순한 한 종교나 신앙 형태가 아니라 정치나 종교 등 모든 삶의 중심을 이루는 것이었다. 신교는 이른바 확산종교diffused relogion에 가까운 것으로서 "한국 고대의 가장 뚜렷하고 독특한 민족적 종교요, 사상이요, 문화형태"[8]였다. 그리하여 신교는 하늘을 섬기고 모든 것이 신의 주재 아래 있다고 믿으며 신의 뜻에 따라 사는 생활문화 혹은 삶의 방식임을 파악할 수 있다.

여기에 더해 신교의 핵심을 차지하는 것은 선 혹은 선교며, 또 신교는 유, 불, 선을 포함하는 혹은 그것들의 모태로 권리 주장되고 있다는 점을 알 수 있다. 물론 신교에 대한 몇 가지 설명들로부터 이끌어진, 이런 대강의 규정들은 임시적인 것이다. 그것들은 후속되는 논의를 통해 구체적으로 더욱 확장되고 입증되어야 할 것이다. 본격적인 논의를 앞두고 예비적인 규정이 필

7 최치원의 난랑鸞郞비는 화랑 난랑을 기념하는 것인데 난랑이란 이름도 예사롭지 않다. 난鸞새는 봉황을 말하는데, 동방 군자의 나라에서 출생한다는 봉황은 인조仁鳥, 성조聖鳥로 불리며 선을 상징한다.

8 도광순, 「風流道와 神仙思想」, 83쪽.

요한 개념이 하나 더 있다. 신시시대부터 있던 신교에서 비롯되었다는 선의 개념이다.

- 선의 의미 -

공주시의 백제 무령왕릉에서 세 개의 청동거울이 발견됐다. 그중 지름 17.8cm의 한 구리거울에는 "…상유선인부지노上有仙人不知老…"라는 글씨가 새겨져 있는 것을 확인할 수 있었다. '신선이 있어 늙음을 알지 못했다'는 것이다.

선仙이란 문자적으로 보면 사람 인亻 변에 뫼 산山 자를 더해 만들어진 것. '산山에 들어가 신神이 된 사람'을 가리킨다. 물론 여기서 산은 태양과 가장 가까이 있는 자연물만을 의미하는 것은 아니다. 더 근본적으로는 탈속과 초월의 공간을 상징할 것이다. 그리하여 선仙은 이 차안此岸의 세상에서 새로운 생명의 차원으로 들어선 사람을 가리킬 것이다. 천의天衣를 휘날리며 구름 사이를 날아가는 신선神仙이 그려진 고구려 고분벽화를 상기하라.

고대에는 선仙대신 춤출 선僊 자를 썼다고 한다. '춤소매가 펄렁거리는 것'이란 의미를 지닌 이 글자에도 우화등선羽化登仙의 탈속과 초월의 성격이 나타나 있다.

문자적 뜻풀이에 선의 의미가 시사돼 있다. 선은 곧 수도와 수련에 의해 무병장생의 생명을 누리고 천지조화의 권능을 지녀 자유자재한 삶의 경계에 이른 이상적 인간, 완성된 인간을 가리킨다. 그런 인간을 달리 성숙된 인간, 인간열매라고 부를 수 있겠다.

> "신선은 도가에서 불로불사의 술을 얻어서 변화자재한 사람을 가리키는데 선인仙人과 같은 말이다."(『대한화사전』)

다음의 설명도 선을 동일하게 이해하고 있다.

> "신선사상이란 인간이, 스스로가 개발한 신선방술에 의해서 불사의 생명을 향유하는 동시에, 신과 같은 전능의 권능을 보유하여 절대적 자유의 경지에 우유하는 존재가 될 수 있다고 믿는 사상이다."[9]

선의 경지는 인간의 신화神化라고 할만 하다.

그러나 그러한 선은 원래 인간에게 본질과 가능성으로 주어진 것이다. 그것은 "人間 앞에 開明된 本來의 길"[10], "하늘에서 명받은 근원적 가능성"[11]이었다. 말하자면 창조의 시원에 하나의 씨앗으로 품부 받은 것이다. 그런 뜻에서 인간은 이미 선〔人

9 도광순, 「中國 古代의 神仙思想」, 13~14쪽.

10 변찬린, 「僊(仙) 攷」, 238쪽.

11 민영현, 「증산도의 선仙과 후천 문명」, 107쪽.

신라, 고구려, 백제의 유물들에서 선풍仙風의 일단을 확인할 수 있다.
위는 공주시의 무령왕릉에서 발견된 청동거울. 국보 161호로 지정된 이 거울에는 "...상유선인부지노上有仙人不知老..." 란 글자가 새겨져 있는 것을 볼 수 있다.
오늘쪽은 익산 미륵사지에서 발견된 사람얼굴의 기와. 두개의 불로초가 그려져 있어 이채롭다.

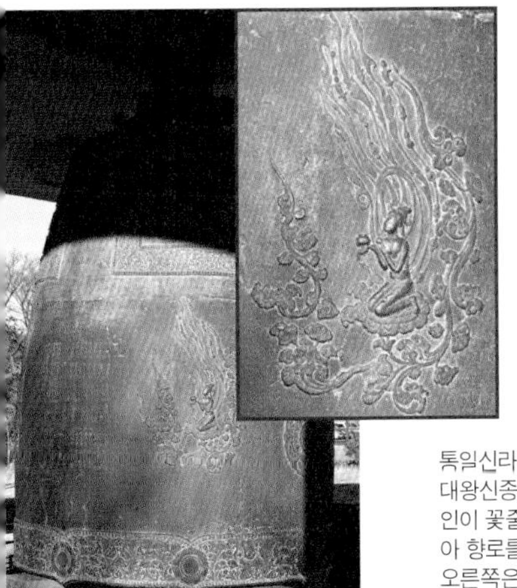

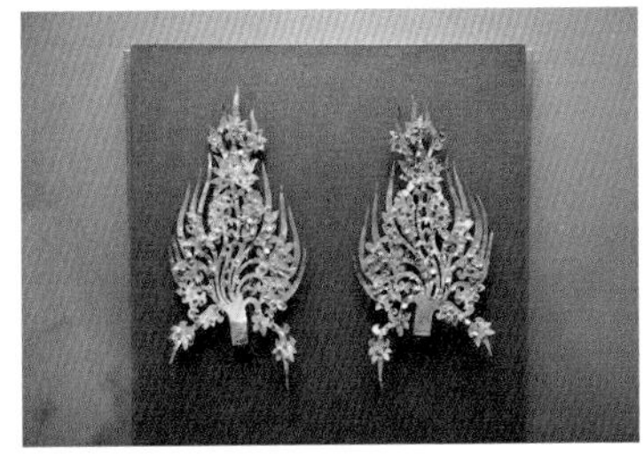

통일신라 시대 성덕대왕 때(771년) 만들어진 에밀레종(성덕대왕신종)의 양 옆에 새겨신 비선상을 확대힌 모습. 한 비천인이 꽃줄기와 천의가 날아오르는 가운데 무릎을 꿇고 앉아 향로를 받쳐 들고 고 있다.
오른쪽은 백제 무령왕릉에서 나온 비천문.

고구려의 고분벽화에는 천의天衣를 휘날리며 구름 사이를 날아가는 여자 신선의 모습 등 다양한 신선의 세계가 묘사되어 있다.

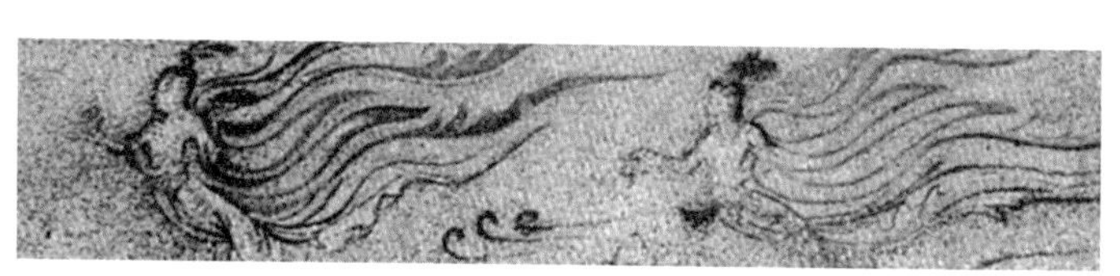

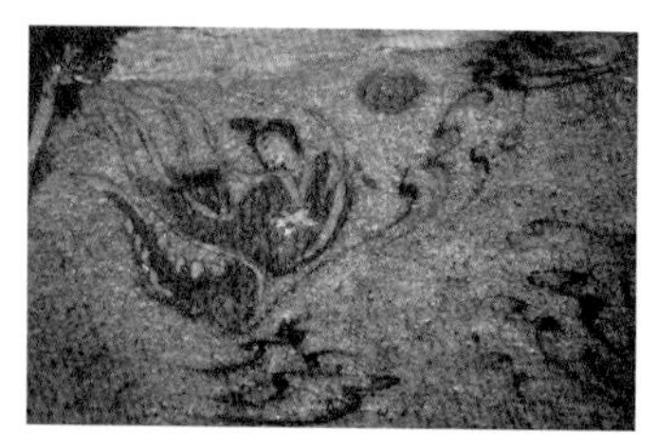

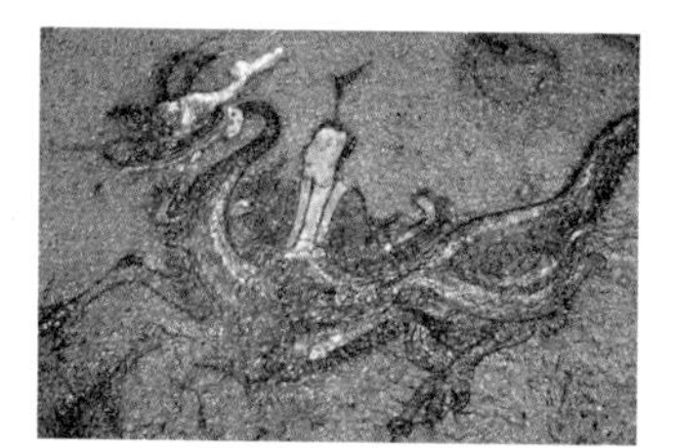

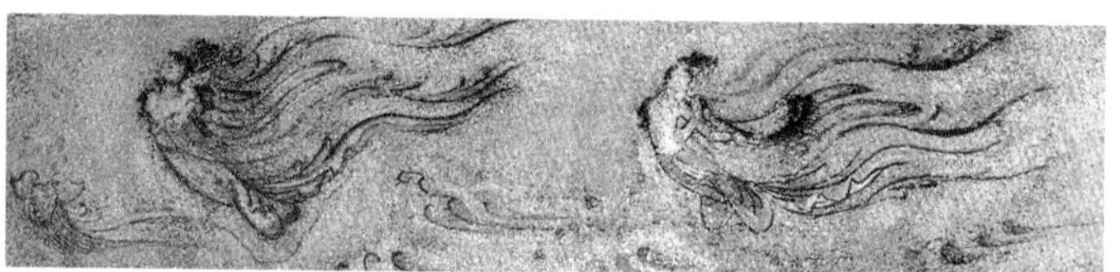

則仙]이다.

그렇지 않고 선仙의 삶이 지금까지와는 전혀 다른 새로운 것이라면 그것은 영원하지도 참되지도 않다. 때문에 선이 되는 것은 전혀 새로운 종種으로 진화하는 것이 아니다. 비로소 제 본성을 찾아 제 자신이 되는 것이다. 씨앗이 이윽고 열매가 되는 것이다. 그럼으로 선을 향하는 것은 근본과 유래를 찾아 새롭게 향하는 원시반본의 길이다. '오래된 새 길'이다. 또 선仙에 대한 동경은 아주 오래됐지만 상실한 것에 대한 향수의 성격을 갖게 된다.

앞에서 신교와 관련하여, 『규원사화』에서 인용한 기사는 선의 시원이, 흔히 알고 있듯 중국의 황제나 노자가 아니라 신교라고 밝히고 있다. 뿐만 아니라 『산해경』, 『포박자』 등의 중국 옛 기록에 선의 연원이 우리나라에 있다고 기록돼 있다. 예컨대 『포박자』란 책에는 일찍이 황제가 청구에 이르러 풍산을 지나다 자부선생을 만나 『삼황내문』을 전수받았다고 나와 있다. 여기서 청구는 여러 기록으로 보건대 우리 민족의 옛 강역에 속한다.[12] 훗날 당 태종이 고구려를 침략할 때 '청구도 행군총관'을 임명한 사실도 그것을 뒷받침하는 하나의 방증으로 꼽힌다.

또 조선 선조때 조여적은 그의 『청학집』에서 환인이 동방 최

---

12 이능화, 『조선도교사』, 45쪽 참조.

초의 선조仙祖라고 주장한다. 아울러 그는 환인으로부터 시작된 선맥이 환웅, 단군을 거쳐 문박씨, 영랑을 비롯한 신라의 사선, 마한의 보덕신녀로 이어진다고 밝힌다. 이 선맥은 다시 통일신라의 최치원 등으로 계승된다. 고구려의 조의선인, 신라의 화랑, 고려의 국선이나 재가화상, 팔관회 등이 이 유구한 선풍의 명맥 위에서 성립될 수 있었다.

이밖에 이능화, 신채호, 최남선 역시 선의 기원을 우리 민족에서 찾는다.[13] 한편 중국 상대上代 문헌에는 신선설을 찾아볼 수 없으며, 전국시대에 들어서 비로소 장자에 의해 선인仙人 신인神人설이 등장한다는 지적도[14] 선의 한국 연원설에 무게를 싣고 있다.

중국 제나라, 연나라 등지에서 신선설이 널리 성행한 것은 기원전 3,4세기 경의 일. 이들 지역에서 신선사상이 널리 유포될 수 있었던 것은 선의 발상지인 고대 한국과 지리적으로 인접해 있었던 까닭으로 풀이된다. 그러나 선이 중국으로 넘어가면서 그 성격이 크게 바뀌게 된다.

선은 군주를 비롯한 권력가들을 위한 사상으로 변모되고,

13 참조 지준모, 「新羅道敎의 生態的 考察」, 277쪽. 한편 조지훈도 한 논문에서 “중국의 도교, 즉 선교류의 태반이 우리의 동이계東夷系 사상이었던 듯함으로 우리의 선교는 바탕이요 그것이 나아가서 중국의 선교가 되어 다시 들어온 것이다.”라고 주장하였다. 박성수, 「한류의 역사적 배경」, 37쪽.

14 변찬린, 「僊(仙)攷」, 1979,

불사약을 구하거나 연단鍊丹을 만들고 조식調息, 방술方術 등의 수련방법을 개발하는 가운데 방사들이 등장하여 사람들을 미혹하기도 했다. 제, 연의 왕들과 그 후 진시황이나 한 무제가 삼신산을 찾아 불사약을 구하러 신하와 방사들을 해동 조선에 파견한 것은 널리 알려진 일. 이러한 신선사상은 음양오행설, 노자나 장자, 묵가의 설 등과 합치며 도가사상이란 물줄기로 흘러들어간다.

반면 신교에서 비롯한 선의 근본특성은 무엇보다도 앞에서 언급한 바와 같이, 상제 신앙과 결속된 점에서 구해진다. 신교에서는 상제 신앙 안에서 그것을 통해 선을 향하며, 선에 이름으로써 상제 신앙이 완결된다고 믿는다. 하느님 신앙 혹은 제천이 자신을 완성하는 혹은 자신의 참됨을 되찾는 수행의 의미를 동시에 지니는 것이다. 이와 함께 신교의 선에서는 공덕의 중요성이 강조된다.

하느님에 대한 올바른 섬김은 참된 나의 본성을 회복하여 신의 뜻을 세상에 펴는 것이다. 그랬을 때 신이 심은 가능성 혹은 신이 기대한 이상을 온전히 실현하여 성숙된 인간, 선이 되는 것이다. 즉 상제 신앙 안에서 선이 되는 길은 본성에 대한 깨달음과 세상과 이웃을 위한 실천이 짝을 이뤄야 한다는 것이다. 이른바 성통공완性通功完의 가르침이다. 여기서 홍익인간이나 애인愛

人의 사상이 발견된다. 요컨대 신교의 중심을 차지하는 선이란 상제 신앙 혹은 시천주侍天主를 토대로 본성을 찾고, 천명을 좇아 공업을 완수함으로써 영원한 생명과 조화의 삶을 얻고자 하는 것으로 일단 규정할 수 있다.

물론 이 같이 선에 대해 미리 규정한 내용은 앞으로의 논의 가운데 신교의 성격과 더불어 구체화되고 확증될 것이다. 다시금 이 글의 졸가리를 밝히면, 신교에서 어떻게 선이 비롯되며, 또 그 핵심을 차지하는지 그리고 저 '아주 오래된 것(선)'이 어떻게 어디에서 이슥고 성숙되고 완성되는지 밝히는 것이다. 이를 위해 가장 긴박하게 제기되는 물음은 신교를 연 신이 누구며 그의 뜻이 무엇인지 하는 것이다.

2) 가장 크고 높은 신

신교문화에서 우주 생명을 주관하는 신은 삼신三神으로 불린다. 그런데 삼신은 단순히 인격신이거나 비인격적인 신성인 것이 아니다. 오히려 둘 다의 의미를 갖는다. 삼신은 이위일체의 신으로 파악돼야 한다. 달리 말하면 신교문화는 인격적 실재와 비인격적 실재를 하나로 "조화시키는 비법"[15]을 가지고 있는 것이다.

15 노태구, 「동학의 무극대도와 통일」, 377쪽.

삼신은 우선 대자연의 순수영기와 같은 것으로 인간을 비롯한 만유 생명의 뿌리를 이루는 것으로 나타난다. 산이나 들, 짐승과 식물, 하나의 돌멩이, 나아가 자연과 인간 삶에서 일어나는 사건 등 그 모든 것들을 그러하게끔 하는 궁극의 바탕자리는 신이라는 것이다. 삼신의 일차적 의미는 우주에 충만한, 그 창조적〔조화를 짓는〕 신성이다.

삼신은 곧 만물이 나고 그리로 돌아가는 공통된 한 근원을 또는 "한 근원의 조상"(『태백일사』 「삼신오제본기」)을 이루는 것. 하늘도, 땅도, 인간도 그 곳에 한가지로 뿌리박고 있다. 하늘〔天〕, 땅〔地〕, 인간〔人〕을 일러 각기 천일天一, 지일地一, 태일太一이라 한다. 하늘, 땅, 인간은 하나같이 삼신의 거룩한 몸뚱이란 것이다. 다시 말해 무궁한 생명성과 창조성을 지닌 삼신이 하늘, 땅, 인간의 삼재三才로 드러나는 것이다. 한민족의 고유한 경전인 「천부경」에는 "천일일天一一 지일이地一二 인일삼人一三"이란 구절이 등장한다. 하늘의 이치에 부합되는 글이란 뜻을 가진 「천부경」은 모두 81자로 구성돼있는데, 우주의 본성과 변화이치에 대한 한민족의 깨달음을 담고 있다. 동방 최초의 경전으로도 꼽힌다.

인용한 "천일일 지일이…"에서는 세 가지 사실을 읽을 수 있다. 첫째는 하늘, 땅, 인간이 한 근원에서 비롯됐다는 것이다. 둘째는 양을 대표하는 근본인 하늘이 먼저 나고〔천일일〕, 만물을 낳아주는 어머니 음인 땅이 다음에 나고〔지일이〕 그리고 하늘, 땅의 교합에 의해 인간이 생겨났다는〔인일삼〕 것이다.[16] 셋째 하늘〔일〕과 땅〔이〕은 인간〔삼〕 안에서 그를 통해 조화되고 그 이상을 실현한다는 것이다. 그래서 인간이 가장 귀하다. 인간을 인일人一이라 하는 대신 태일太一이라고 말하는 것도 그 때문이다. 이 태일의 인간에 대한 얘기는 나중을 기약하기로 하자. 여기서 중요한 것은 하늘, 땅의 모든 것을 하나로 꿰뚫으며 그것들을 살아있게 하는 하나〔一〕는 신이며 신은 곧 삼신이라는 점을 잊지 않는 일이다.

이렇게 본다면 삼신은 우주 만유의 목숨과 같은 것이다. 그것은 '우주의 명신命神'으로 불릴 만 하다. 생명이 있는 모든 곳에 삼신이 있다. 천지의 모든 것에는 삼신의 숨결이 깃들어 있다. 그런데 왜 하필 신 앞에 삼三이 붙는가? 신이 세 분이란 말인가?

삼신의 '삼'은 세 분의 신이 따로 존재한다는 것을 가리키는 것이 아니다. 동일한 한 신이 만물의 변화작용을 세 가지 신성으로 다스린다는 뜻이다. 그 세 가지 신의 본성을 조화造化, 교화敎化, 치화治化라고 한다. 삼신은 조화신으로서 만물로 하여금 성

16 '천개어자天開於子 지벽어축地闢於丑 인기어인人起於寅 하늘에 자시子時에 열리고 땅은 축시丑時에 열리고 사람은 인시寅時에 일어나느니라.'(『도전』 5:359 참조) 여기에도 우주 생성의 비밀이 간직돼 있다.

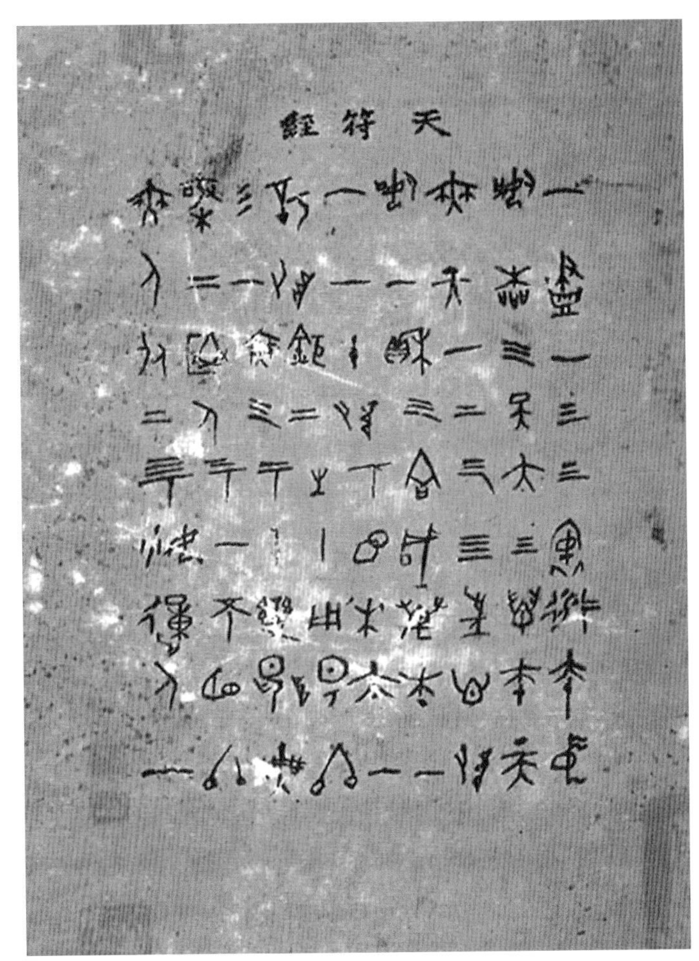

「천부경」은 환국으로부터 구전된 신교의 경전. 모두 81자로 구성됐으며, 삼신의 우주관과 역사의 창조원리가 담겨 있다. 환웅천황이 신지神誌(옛 관직명) 혁덕赫德에게 명하여 녹도문鹿圖文(사슴의 발자국을 보고 창안한 옛 문자)으로 적게 했고, 최치원이 전자篆字로 기록해 놓은 옛 비석을 보고 다시 서첩을 만들어 세상에 전한 것이라고 한다.

품을 트이게 하고, 교화신으로서 목숨을 열고 천명天命을 알게 하며, 그리고 치화신으로서 정기를 보존하여 스스로를 다스리게 한다. 삼신은 곧 만물이 생겨나고 자라고 성숙되는 삶의 전 과정을 이끄는 것이다. 이는 각기 아버지 [父], 스승 [師], 임금 [君] 의 역할이라고 할 수 있다. 곧 "삼신의 본성이 군사부"[17]인 셈이다.

이렇듯 삼신은 세 가지 신성으로 우주 만물의 생명을 주관하는 한 조물자 하나님을 표현한다. 조교치의 신성은 삼신이 우주 만물을 다스림에서 작용하는 혹은 자신을 드러내는 방식에 속한 것이다. 이른바 일즉삼一卽三 삼즉일三卽一의 논리로 하나 속에 셋이, 셋 속에 하나가 전제돼 있다는 것이다. 체體로 모으면 하나고 용用으로 펴면 셋이다.

삼신은 모든 것의 바탕을 이루고 온갖 조화를 짓는 힘이지만, 얼굴 없는 자연신으로서 한 뿌리의 기운〔一氣〕일 따름이다.

> "삼신은 곧 천일·지일·태일의 신들이니 한 뿌리의 기운이 스스로 능히 움직임을 이루어 조화·교화·치화의 신이 된다."(『태백일사』「소도경전본훈」)

삼신은 그렇게 비실체적인, 허령한 기운으로서 눈에 보이는 유형의 어떤 것도 아니다. 그래서 고정된 장소를 갖는 것도 아니

17 안경전, 『개벽 실제상황』, 479쪽

다. 그 텅 빈 것을 일러 0이라 하고 무라 해야 한다.

그렇지만 특정한 자기 성격을 가지고 있지 않기에 어디에 매일 필요가 없는 삼신은 없는 데가 없고 어느 것 하나 감싸지 않는 것이 없다. 그것은 바람처럼, 빛처럼 천지를 채우는 동시에 천지를 품는다. 삼신은 한 뿌리의 생명 기운으로서 텅 빈 무면서 또한 가장 큰 것이다. 삼라만상이 그에 실려 존재하는 우주의 큰 수레〔大乘〕다. 가장 넓은 울, 한울이다. 그 한울을 벗어나는 것은 아무 것도 없다. "신은 곧 기운이고 기운은 곧 허이며 허는 곧 한〔一〕"(『태백일사』「소도경전본훈」)이란 소리다.

그 점에서 삼신은 밝은 빛과 같다. 빛은 손에 잡히는 어떤 것도 아니면서 모든 곳을 두루 비치며 보이는 모든 것을 보이게 하는 것. "홀연히 열린 우주의 대광명 가운데 삼신이 계시니… "(『도전』 1:1:2) "**大虛有光 是神之像**"(『태백일사』「소도경전본훈」), 크고 텅 빔의 빛남, 그것이 신의 모습이다. 곧 삼신의 본질이 빛과 영성이란 것이다.

여기서는 신神과 기氣가 다른 것이 아니다. 동일한 것을 본성이나 조화 작용에서 보면 신神이고 바탕이나 실질〔器〕에서 보면 기氣다.

> "대저 살아 있는 것들의 본체는 이 한 뿌리의 기운이요 한 뿌리의 기운이란 안으로 삼신이 있음이요 슬기의 근원 또한

삼신에 있음이요 삼신이라 함은 밖으로 한 뿌리의 기운을 감싸고 있음이다."[18](『태백일사』「소도경전본훈」)

우리는 신과 기의 관계에 대한, 이와 유사한 설명을 뒤의 2장에서 신교의 계승자로서 다루는 수운에게서 발견한다.

만약 그렇지 않고 기와 신이 이질적인 것이라면, 서로 다른 범주에 속하는 것이라면 세계의 근원은 적어도 둘이 될 것이다. 이 경우 신교문화에서 일一은 더 이상 유지되지 못할 것이다.

이제까지 한 뿌리의 양기良氣로서 천지조화의 바탕자리를 이루는 삼신에 대해 알아보았다. 그런데 주목할 것은 삼신은 또한 세상일을 다스리며 인간의 기도에 감응하고 제사를 받는 인격신으로서 모습을 드러낸다는 점이다.

삼신은 하늘나라에 살며 대권능의 조화〔權化〕로써 만물을 만들고, 오제五帝나 오령五靈 등 신의 힘을 행사하여 만물을 다스리며, 비를 내려 주고 황충을 없애달라는 기원을 받으며, 기뻐함과 싫어함의 감정을 지닌 "한 분이신 상제님"(『태백일사』「신시본기」)로도 나타나는 것이다.[19] 만유 생명의 본원으로서의 삼신이

---

18 夫爲生也者之體, 是一氣也. 一氣者, 內有三神也. 智之源, 亦在三神也. 三神者, 外包一氣也.

19 『사기』에는 사마상여란 인물이 한 무제에게 "폐하께서 겸양하고 뽐내지 아니하여 삼신의 환심을 샀습니다."라고 말하는 대목이 나오는데, 여기엔 "삼신은 상제"라는 주가 딸려 있다(『사기』「사마상여열전」)

빛이라면, 하늘의 주재자 삼신은 해에 해당한다. 그는 "하늘의 주재자主宰者로서 태양을 의상儀象으로 하며 화복禍福 보응報應을 정의正義로"(『태백일사』「소도경전본훈」) 삼는 자다. 만물은 해의 빛에 의해 생명으로 밝게 빛난다.[20]

이 같은 의미의 삼신에 대해서는 곳에 따라 상제 이외에 "제帝", "천신天神", "일신一神", "삼신상제", "삼신일체상제" 등이 쓰이기도 한다. 이런 호칭들에는 상대적으로 삼신의 유일성이나 인격성이 더 잘 표현되어 있다.

이밖에도 삼신은 만물을 낳은 자연의 삼신을 대행하여 천상에서 자손을 타내리는 조상신과 삼신의 도를 민족의 역사 정신으로 열어준 국조삼신(환인·환웅·단군)을 가리키기도 한다.[21] 이에 대해서는 자세히 다루지 않는다. 자손을 타내리든, 나라와 겨레를 세우든, 모든 생명 창조의 신은 삼신의 이름으로 불린다는 것을 알 수 있다.

이로써 신교 문화에서 삼신은 얼굴 없는, 바람 같고 빛 같은 비인격적인 우주 신성과 동시에 인격신인 주재자 상제를 가리키고 있음을 알 수 있다. 삼신은 우주 만물의 본성으로 내재한, 가

20 상고인들에게서 신은 만물의 근원인 하늘〔삼신〕이면서 전능한 능력을 가진 인격신의 성격을 띤다는 주장(김한식, 「상고시대의 신관과 수운의 신관」)도 동일한 입장으로 파악된다.

21 삼신의 여러 의미에 대해서는 안경전, 『개벽 실제상황』, 246쪽 참조.

장 폭넓은 신성인 동시에 신 중의 신으로서 우주 만물을 통어統御하는, 가장 높은 신을 가리키는 것이다. 이는 온 우주를 다스리는 상제는 천지만물을 낳은 우주의 조화성신인 삼신과 일체를 이루는 것으로 이해하고 있음을 말해 주는 것이다. 우리가 우주의 주재신을 범신론적 성격이 강조되거나 포함된 개념으로 혹은 인격성이 두드러진 이름으로 불러도 아쉽기는 마찬가지인 까닭이 아마도 여기에 있을 것이다. 다시 말해 "그것[It]"이라고 불러도 "당신[You]"이라고 호칭해도 신의 성격을 다 담지 못하는 모자람은 신 자체의 성격에서 연유하는 듯 하다. 그런데 이 '일체'라는 말, 하나라는 말을 어떻게 받아들여야 할까?

주재의 사태를 들여다보는 것으로써 답을 찾아보자. 주재자 상제는 상제는 홀로, 아무 것도 없이 세상을 간섭하고 다스리는 게 아니다. 상제는 천지에 미만한 조화의 동력인 삼신을 통해 우주를 맡아 다스린다.

> "한 뿌리의 기운으로부터 셋으로 쪼개지니 기는 곧 극이요 극은 곧 무이다. 삼신의 근원이 곧 세 바름대를 꿰어 허虛하고 또 공空하니 이는 곧 안과 밖을 아우르기 때문에 그렇게 되는 것이다. 천궁은 곧 광명이 모이는 곳이요 온갖 조화가 나오는 곳이니 하늘의 한 분 삼신이 능히 그 허함을 본받아 주재하심을 이룬다. 그러므로 한 뿌리의 기운은 곧 하늘이요 곧 공이다. 그러나 중심을 이루되 한결같은 신이 있어 능

히 셋이 되는 것이다."[22](『태백일사』 「소도경전본훈」)

허하고 공한 그러나 신령한 기운인 삼신을 바탕으로 우주를 주재한다는 뜻이다. 그렇게 상제는 우주 만사에 직접적으로 간섭함이 없이, 무위이화로 다스릴 수 있게 되는 것이다.

우주 조화성신인 삼신은 모든 것의 근본으로서, 말하자면 천지만물의 부모로서 그 권능은 비할 데 없이 크고 폭넓은 것이다. 우주의 어떤 것도 삼신을 생명의 모태로 삼지 않은 것이 없다. 삼신은 상제마저도 감싸 안으며 신령스럽게 한다. 그것은 끊임없이 만물을 낳고 그 모든 것을 하나로 모으는 우주 생명 자체로서 일찍이 장자나 노자가 말한 도와 같은 것이다. 도는 만물의 생을 이루게끔 하는 원리며 원동력이지만 그 자신은 유형의 어떤 것도 아니다. 노자는 도를 "하늘, 땅의 시원이며 온갖 것의 어머니며 신비 중의 신비, 모든 신비의 문"(『도덕경』 제1장)이라고 부른다.

그렇지만 마르지 않는 생명의 근원인 삼신의 창조성으로써 무형 가운데 유형의 사물이 나오는 조화는 상제의 주재를 통해서다. 그래서 "참으로 공이 있는 것은" 주재자 상제라고 해야 할 것이다.

22 自一氣而析三, 氣卽極也, 極卽無也. 夫天之源, 乃貫三極, 爲虛而空, 幷內外而然也. 天之宮, 卽爲光明之會, 萬化所出. 天之一神, 能體其虛而乃其主宰也, 故曰一氣卽天也, 卽空也. 然自有中一之神, 而能爲三也.

> 공은 가고 색은 옴에 주재하는 이가 있다고 여겨지는 것이니 삼신께서 크신 이 되오나 제가 참으로 공이 있는 것이다.[23](『태백일사』「소도경전본훈」)

『삼일신고』에서 1장 허공에 이은 2장 일신에 대한 설명이다. 허공이 하늘로서 비인격적 궁극자라면 2장 일신은 "하늘의 주재자"를 말한다. 이처럼 삼신의 권능은 상제의 주재를 통해 비로소 완전하게 발현된다. 다시 말해 "온갖 것의 어머니며 신비중의 신비"인 삼신이 천지의 주인 혹은 아버지 상제를 만나 창조의 공능을 발현하는 것이다.

> "대자연 속에 충만한 삼신의 창조이법과 조화권능이 오직 우주의 주권자이신 아버지 상제님을 통해 온전히 드러나게 된다."[24]

다른 곳에서는 이를 두고 '타고 노심'〔乘遊〕이라고 표현한다.

> "천지의 조화신이 시베리아의 하늘에 머물며 홀로 변화하는 주신主神이 되셨다. 그 광명은 우주를 비추고, 대권능의 조화로써 만물을 낳으시며, 오래도록 사시며 항상 즐거움을 누리셨다. 지극한 조화기운을 타고 노시며, 진실로 오묘하게 스스로 그러함을 따르고 형상 없이 나타나셨으며, 무위로

23 空往色來, 似有主宰, 三神爲大, 帝實有功也.

24 안경전, 『개벽 실제상황』, 246쪽.

만물을 짓고 무언으로 행하셨다."[25](『삼성기』)[26]

여기서도 주재자 상제가 지극한 조화기운을 갖고서 우주를 만들고 역사를 짓는다는 것이 나타나 있다. 따라서 지극한 조화기운〔至氣〕에서 '지극함〔至〕'이란 천지변화를 짓는 조화의 바탕이 되는 무궁한 창조성과 함께 주재자에 의해 주재됨을, 다시 말해 상제의 손길이 더해져 있음을 표현하는 것으로 이해된다. 이제 이런 배경 속에서 『증산도 도전』에 나오는, 다음과 같은 의미심장한 구절에 대해서도 어느 정도 이해할 수 있게 된다.

> "一氣混沌看我形(일기혼돈간아형)하고 唵唵急急如律令(엄엄급급여율령)이라. 천지에 가득한 한 기운은 혼돈 속에 나의 모습을 보고 율령을 집행하듯 신속하게 처리하라."(『도전』 4:143:3)
> "하늘은 말이 없지만 상제님께서 조화로써 다스리시느니라."(『도전』 11:102:7)

이렇게 볼 때 비인격적 실재로서의 삼신과 유일신이며 인격신인 상제 사이의 '일체성', '하나됨'은 다음과 같은 것으로 밝

25 有一神, 斯白力之天, 爲獨化之神. 光明照宇宙, 權化生萬物, 長生久視, 恒得快樂. 乘遊至氣, 妙契自然, 無形而見, 無爲而作, 無言而行.

26 지극한 조화기운과 그것을 타고 노는, 하늘의 주 상제의 관계는 수운에게서 새롭게 나타난다. 이와 관련 『삼성기』에서 "천지의 조화신"을 묘사하면서 나오는 "승유지기乘遊至氣 묘계자연妙契自然"이란 명제와 수운의 주문 21자가 서로 부합된다고 한 하기락 교수의 지적을(이찬구, 『천부경과 동학』, 564쪽) 유의할 만 하다.

혀진다. 삼신은 일기로서 만유 생명의 바탕을 이룬다. 상제 역시 이 조물자 하나님, 형상이 없는 하나님이 스스로 화한 것이다. 따라서 으뜸의 신인 상제는 다른 모든 것들과 더불어 저 폭넓은 우주 신성 안에 속한다. 그러나 동시에 상제는 그것을 써서 우주 만유를 다스린다. 그런 점에서는 비인격적 삼신은 상제에 속한다. 다시 말해 삼신은 상제를 위해 존재의 밑자리가 되고 조화권능의 원천이 됨으로써 그를 규정짓지만, 상제는 삼신의 무궁한 조화력이 자연과 인간 삶에 구현되도록 주재한다.

따라서 둘 사이의 일체성이란 서로에게 속한다, 하나를 이룬다는 의미의 그것이다. 만약 일체성이 '구별되지 않고 같다'는 의미라면 삼신이거나 상제만이 남게 될 것이다. 그때는 두 궁극자를 조화시키는 비법은 사라질 것이고 그런 게 필요하지도 않을 것이다. 또 상이한 것이 단순히 결합돼 있다는 정도의 의미라면 두 신 사이에서 우리의 방황과 혼란은 끝없이 계속될 것이다.

그와 같은 방식으로 일체성을 이루는 삼신과 상제(삼신일체상제), 또는 "천지만물을 낳은 무형의 조물자 하나님"과 "만물을 다스리시는 유형의 조화주 하나님"은 빛과 태양 외에도 여러 개념들에 유비될 수 있다. 예컨대 "어디나 있지 않은 데가 없으며 무엇 하나 싸지 않은 데가" 없는 허공〔하늘〕과 "하늘나라에 계시며 무수한 세계를 주재"하시는 일신一神(「삼일신고」), 일의 근본인 무와 모든 것의 비롯인 일(「천부경」), 또 도가사상에서 말하는 도道와 제帝 등과 비교된다. 무엇보다도 수운 최제우의 지기至氣와 천주天主 개념에서 신교문화의 고유한 신관이 새롭게 되풀이 되는 것을 보게 된다. 그러나 이것을 확인하는 것은 나중의 일이다. 여기서는 다음의 구절을 통해 지금까지 얘기한 것을 간추려 놓는 일이 중요하다.

> 태시太始에 하늘과 땅이 '문득' 열리니라.
> 홀연히 열린 우주의 대광명 가운데 삼신이 계시니, 삼신三神은 곧 일신一神이요 우주의 조화성신造化聖神이니라.
> 삼신께서 천지만물을 낳으시니라.
> 이 삼신과 하나 되어 천상의 호천금궐昊天金闕에서 온 우주를 다스리시는 하느님을 동방의 땅에 살아온 조선의 백성들은 아득한 예로부터 삼신상제三神上帝, 삼신하느님, 상제님이라 불러 왔나니 상제는 온 우주의 주재자요 통치자 하느님이니라.(『도전』 1:1:1~5)

한편 신교의 공간에서 삼신과 상제 외에도 다양한 신들이 존재한다는 사실을 잊어서는 안 된다.[27] 상제의 의해 주재되는 다수의 신들에는 조상신을 비롯하여 산과 강, 나무와 바위 등에 깃든 자연신들이 망라된다. 『규원사화』「단군기」에 단군왕검이

27 삼신과 상제 그리고 다수의 신들의 세계와 그 질서에 대해서는 『도전』 4편 후주(523~524쪽) 참조.

온 세상 산하에 신을 봉한 곳이 3,000여 곳이 되었다는 기록도 있다.

이로써 우리는 신교에서 삼신이라 불리는 신이 누구인지 알아보았다. 이제 그의 뜻, 그의 가르침을 살펴볼 차례다.

3) 신의 뜻은 홍익인간에

신은 하늘, 땅을 개벽하고 인간 세상을 열었다.

> "인생을 위해 천지가 원시 개벽하고 인생을 위해 일월이 순환광명하고…"(『도전』 11:118:4~5)

천지개벽에 대한 도가사서의 기록을 보면, 천지에 이어 인간을 내었다기보다 인간을 위해 천지를 조판한 것으로 묘사된다. 그리고 인간 세상을 위해 환인과 환웅 등 자신을 대신하여 인간을 가르칠 대행자를 보낸다. 삼신의 화신 혹은 대행자인 환인은 안파견이라고도 부르는데, 그 뜻은 하늘을 이어받아 아버지의 도를 세웠다는 뜻이다. 신을 대신하여 세상에 펼친 가르침에서 가장 중요한 것은 하느님 당신을 위하고 섬기도록 하는 것이다. 『규원사화』의 「조판기」는 어떻게 하느님이 인간을 위해 천지를 편성했으며 인간으로 하여금 하느님 당신을 섬기도록 섭리했는지 보여준다.

삼신할머니의 유래

삼신할머니가 된 당금애기

아이가 태어날 때 보면 엉덩이 붉은 반점이 있다. 몽고반점이라고도 불리는데, 삼신할머니가 엄마 뱃속에서 빨리 나가라고 엉덩이를 살짝 때린 자국이라고 한다. 민간에서 아이를 점지하고 아이와 산모의 건강을 돌보는 신을 삼신할머니라고 부르며 섬긴다. 전해오는 설화는 삼신할머니의 유래에 관해 이렇게 전한다.

옛날에 아들만 아홉을 둔 한 부모가 지극정성으로 기도해 딸을 얻었다. 당금(귀하게 여기면서 키운 아이란 뜻)이라고 불렀다. 부모님이 안 계시는 어느 날 스님이 찾아와 시주를 구했다. 당금애기는 쌀을 내왔는데, 웬일인지 쌀이 바닥으로 쏟아진다. 스님은 쌀 세알을 주워주며, 이것을 먹으면 복 받을 것이라고 한다. 당금애기는 쌀알을 냉큼 받아먹는다. 그런데 당금애기의 배가 점점 불러온다. 스님이 도술을 부려 임신시킨 것이다(도술이라야 쌀을 먹여준 것. 확실히 쌀은 우리에게 목숨이고 생명이다). 오빠들은 스님과 있었던 당금애기의 말을 믿지 않고 집밖으로 쫓아낸다. 산

속에서 외롭게 힘들게 있었던 그녀는 어머니의 도움으로 세 쌍둥이를 낳는다. 옥황상제는 혼자서 세 아이를 낳아 키운 공을 기려 당금애기를 삼신할머니가 되게 한다.(KBS 2TV '느티나무' 2009년 월 일 방영 참조) 쌀을 단지나 주머니, 자루에 넣어 시렁 위에 올려놓은 삼신단지, 삼신주머니, 삼신자루, 또 미역국과 밥을 차려놓고 삼신에게 감사한 삼신상 등이 삼신 신앙의 풍속이다.

그런데 왜 삼신이 할머니일까? 아마도 삼신에게서 사람 생명을 타내리는 조상과 모성母性의 의미를 함께 파악했기에 그런 것으로 짐작된다. 그런데 이보다 더 주목해야 할 것은 셋(세 아이)으로 나뉘는 당금애기(삼신할머니)와 도승의 구도다. 하나는 셋으로 열리고 그 하나는 다른 하나와 음양일체를 이룬다. 이는 조화신, 교화신, 치화신으로 벌려 나가는 삼신과 상제의 일체성을 신화적으로 함축하고 있는 것일까? 아무튼 나라 생명과 인간 생명에서도 동일한 구도를 보게 될 것이다.

특히 인간이 다른 것들과 존재적으로 구별된다. 삼신인 우주 만물의 본성으로 개별화될 때는 성·명·정으로 존립한다. 삼신의 조화신, 교화신, 치화신이 각기 성·명·정으로 이화되는 것이다. 성·명·정에 대해서는 다시 자세히 논하게 될 기회가 있을 것이다. 그런데 인간은 그 밖의 다른 것들이 삼신을 치우치게 받는 것과는 달리 옹글게 품부 받았다. 만물 가운데 인간이 가장 귀한 것으로 삼신하느님이 머무는 터전이 될 수 있는 것은 그 때문이다. 다시 말해 인간이 성·명·정을 온전히 갖춘 이유는 곧 삼신하느님을 생각하고 섬기라는 데 있는 것이다.

곧 신의 뜻은 당신을 섬기도록 하는 가르침을 통해 인간을 위하는데 혹은 인간을 가르쳐 당신을 섬기는 사람으로 성숙시키는데 있는 것이다. 이제 신을 대신하여 그 뜻을 인간 세상에 편 삼신의 화신 혹은 대행자의 가르침을 통해 이를 구체적으로 확인해보자.

신을 대신하여 그의 뜻에 따라 나라를 세우고 인간을 가르친 대행자로는 환인, 환웅, 단군의 삼성조가 꼽힌다. 이들은 태고 시절 인류 문명의 뿌리국가인 환국에서 배달을 거쳐 조선으로 이어지는 시원 역사를 열었다. 이들은 달리 국조삼신으로 불린다. 겨레 생명의 근원 또한 삼신으로 호칭되는 것이다.

"옛적에 환국(혹은 환인)이 있었다."[28]

"우리 환족의 나라 세움이 가장 오래 되었다."(『삼성기』)

환인은 태고 문명시대 신의 권한을 대행하여 우리 민족의 뿌리자 인류문화의 모태인 환국을 다스렸던 통치자다.

"삼신의 후계後系를 일컬어 환국桓國이라 하였는데 환국은 천제天帝가 사는 나라라 하고 또 가로되 삼신은 환국의 앞서에 있었고… 환인이 또한 삼신을 대신하여 환국천제가 되었으니…"(『태백일사』「삼신오제본기」)

환국은 땅 넓이가 남북은 5만리 동서는 2만여 리라고 한다. 7대를 전했으나 연대는 3301년에 이른다(혹은 63,182년이라고도 한다).

또 환의 종통을 계승한 환웅은 광명의 본거지를 찾아 동방의 태백산, 곧 백두산으로 이동하여 신시神市를 열었다. 이것이 우리 민족의 시원국가라 할 '밝은 땅' 배달이다.

"신시神市에 도읍을 정하고 나라 이름을 배달倍達이라 하였

28 "古記云 昔有桓國(囯)"(『삼국유사』 권1 기이 제1). 현재 전해지는 『삼국유사』의 원본인 「정덕본」에는 "석유환국"으로 기록돼 있다. 그런데 1926년, 조선총독부 조선사편수회 위원 등으로 활동하며 한국 고대사를 말살하려 한 이마니시 류가 '國'을 '囯'으로 날조하여 『삼국유사』 「경도제대 영인본」을 간행, 발부하였다. 이를 통해 "한 국가의 실존 역사를 한 인물의 신화로" 만들고자 한 것이다. 안경전, 『개벽 실제상황』, 174~175쪽.

다."(『삼성기』)

환인은 환웅을 세상에 내려 보내며, 천부인天符印 세 개와 함께 "새 시대를 열어 가르침을 세우고〔開天立敎〕세상을 신교神敎의 진리로 교화하여〔在世理化〕 만세 자손의 큰 규범으로 삼을 지어다"라는(『삼성기』) 명을 내린다. 환웅이 나라를 세운 날은 신시 개천 원년 10월 3일. 우리가 단군 조선의 건국일로 알려진 개천절은 본래 신시 배달이 세워진 날이다.

마지막으로 단군왕검이 아사달에 도읍을 정하고 나라를 열어 조선이라 했다. 신시 개천 1565년 10월 3일을 맞아 단군왕검은 삼신에게 제사를 드리고, 백성들의 추대로 임금이 되었다. 환국과 배달의 정통 정신을 계승하고 신시의 문화를 크게 부흥시켰다. 특히 단군 성조는 삼신의 정신을 인간의 역사 통치 질서에 뿌리를 내려 나라를 삼한, 즉 진한(진한), 번한(번한), 마한(마

황해도 구월산 삼성사에 모셔져 있는 국조삼신(환인, 환웅, 단군)의 영정

한)으로 나누어 다스렸다.

"삼신은 곧 천일·지일·태일의 신들이니 한 뿌리의 기운이 스스로 능히 움직임을 이루어 조화·교화·치화의 신이 된다… 그러므로 땅에는 세 한이 있으니 신한·말한·불한 세 서울의 한이다."(『태백일사』「소도경전본훈」)

환국–배달–고조선으로 뿌리내린 국통맥은 북부여와 고구려로 이어진다. 증산도에서는 세 분의 국조삼신인 환인, 환웅, 단군을 각기 상계신上計神, 중계신中計神, 하계신下計神으로 부른다.

"朝鮮國조선국 上計神상계신 中計神중계신, 下計神하계신이 無依無托무의무탁하니 不可不불가불 文字戒於人문자계어인이니라."(『도전』 5:347:16)

조상은 또한 자손들의 기념과 제사를 먹고 사는 법. 그런데 후손들의 불찰로 겨레의 조상들이 몸을 기댈 데가 없음을 꾸짖는 말이다.[29]

이렇듯 한민족의 시원 역사는 삼신의 정신인 3수의 창조원리로 열려나갔다. 환웅은 하늘(환인)의 뜻을 인간 세상에 가르쳤

29 "상제님께서 말씀하시기를 '이때는 원시반본原始返本하는 시대라. 혈통줄이 바로잡히는 때니 환부역조換父易祖하는 자와 환골換骨하는 자는 다 죽으리라.' 하시고 이어 말씀하시기를 '나도 단군의 자손이니라.' 하시니라."(『도전』 2:26:1~3)

고 단군 왕검은 그 뜻을 펴 세상을 다스렸다. 환국의 환인은 조화의 도道, 배달의 환웅은 교화의 도, 고조선의 단군은 치화의 도를 대행하여 삼신의 창조원리가 인간 역사에 실현되도록 하였던 것. 다시 말하면 환인은 아버지의 도로써 천하에 법도를 정했고, 환웅은 스승의 도를 써 천하를 거느렸고, 단군은 왕도로써 천하를 다스렸다.(참조 『태백일사』 「삼신오제본기」 368~369쪽)[30]

이를 단군사상의 삼태극성으로 설명하기도. 태극이란 태극기 중앙의 원 그림이 표현하고 있듯, 각각 빨강, 파랑으로 표현된 음과 양이 서로 나뉘고 향하면서 만물의 본원을 이루는 궁극의 경계를 가리킨다. 삼태극이란 음양 이외의 제 3의 힘을 파악하는 우리 민족의 고유한 사상에서 기인한다. 제3의 것은 상반되는 음과 양 사이에서 그들의 상호작용을 견지함으로써 음양이 지속적으로 존립하고 그래서 만물이 무궁무궁 살아나가도록 하는 힘이다.[31] 그 삼태극의 원리를 환인-환웅-단군의 국통에서 확인하는 것이다.

30 안호상은 신라 왕조에서도 같은 현상을 지적할 수 있다고 주장한다. 그에 따르면 나라를 세운 초대왕 박혁거세는 나라를 세운 아버지, 조화신이고 두 번째 왕 남해차차웅의 경우 '차차웅'이 스승의 뜻을 의미하는 것으로서 교화신의 자리를 차지한다. 세 번째 왕은 이사금인데 이사금을 통치자를 뜻한다. 즉 세 왕은 조화신, 교화신, 치화신의 역할을 맡으며 삼신의 원리를 구현하고 있다는 것이다. 안호상, 『배달·동이는 동아문화의 발상지』, 303~315 쪽 참조.

31 삼태극에 대해서는 우실하, 『전통 음악의 구조와 원리』 참조.

"초월적 세계의 연속과 보존이 그대로 유지되어 있어야 하므로 아버지가 있어야 하고, 그 아버지의 뜻을 따라 초월성을 운반하는 동반자로서의 아들이 있어야 하며, 그것을 완성시키는 지상세계의 활동이 있어야 한다."[32]

댕기 머리를 하고 있는 아이들. 댕기 풍속은 초대 단군 성조를 추모하여 받든 데서 비롯됐다고 알려져 있다.

국조삼신에서 누가 아버지며 누가 아들이고, 누가 지상계에서 완성하는 주체인지 굳이 되풀이 말하지 않아도 될 것이다.

앞에서 비인격적 실재인 삼신은 조화신, 교화신, 치화신으로 벌려 나가고 상제가 그것을 주재한다고 했다. 그에 상응하여 국조삼신도, 나라도 삼의 원리로 전개되고 거기에는 각기 삼신과 단군 왕검이 그 주재의 중심자리를 차지하는 것이다. 뒤에 가서 인간 각자도 그 본성이 성·명·정 삼의 원리로 존립하고 '내'가 그 주체가 되는 방식으로 존재한다는 것을 알게 될 것이다.

어느 작가는 기발한 수사법修辭法을 발휘해, 일광日光에 바래

32 김용환, 「단군사상과 한류」, 100쪽.

면 역사가 되고 월광月光에 바래면 신화가 된다고 했던가? 국조 삼신으로부터 나라가 성립하는 과정을 신화의 텍스트에서는 이렇게 전한다.

옛날 환인의 아들 환웅은 자주 천하에 뜻을 두고 인간 세상을 구하기를 원했다. 아버지가 아들의 뜻을 알고 인간을 널리 이롭게 할 땅을 골라, 그에게 천부인 세 개를 주며 내려 보내 그곳을 다스리게 하였다. 이에 환웅은 풍백風伯, 우사雨師, 운사雲師를 거느리고 곡식, 왕명, 질병, 형벌, 선악 등을 주관하여 세상을 조화로서 다스렸다. 그때 같은 굴에 살던 곰과 호랑이가 사람 되기를 원해 환웅은 그들에게 쑥과 마늘을 주며 이렇게 말했다. "너희가 이것을 먹되, 100일 동안 햇빛을 보지 않으면 곧 사람의 형상을 얻으리라." 금기를 잘 지킨 곰은 여자의 몸이 되었지만 호랑이는 금기를 지키지 못하여 사람이 되지 못했다. 혼인할 상대가

강릉단오제 모습.
강릉단오제는 환웅과 웅녀의 혼례 및 단군의 탄생을 기념하는 축제로서 해석되기도 한다.

없던 웅녀는 아이를 갖게 해 달라고 주문을 외우며 빌었다. 그러자 환웅이 그녀를 잠시 사람으로 화하게 하여 아들을 낳으니 단군왕검이라고 불렀다.

신화도 달빛의 윤색을 덜고 나면 역사만큼 혹은 그 이상의 진실을 알려 준다. 곰과 호랑이가 사실은 토착 종족이었던 웅족이며 호족이고 환웅은 그곳으로 새롭게 이주해 온 환족의 통치자란 점은 널리 알려진 내용이다. 여기에 더해 이 신화는 금기와 주문 등의 수행을 거쳐야 환족의 인간, 다시 말해 하늘을 섬기고 그 뜻에 따라 사는 참된 인간으로 거듭날 수 있다는 중요한 사실을 일러주고 있다. 이제는 신의 뜻에 보다 가까이 접근하기 위해 그의 후계며 대행자인 국조삼신의 가르침들을 구체적으로 살펴볼 차례다.

하늘에서 내려와 천산에 살면서 삼신을 대신하여 교화를 베푼 환인은 삼신을 조상으로 삼고, 삼신의 제사를 주관하며, 아버지의 도로써 천하에 법도를 정해 많은 일을 두루 잘 다스려 백성들이 부유하고 또 번성하게 했다. 또한 사람들이 "모두 부지런히 애써서 가장 좋은 수행을 행하도록 하여 마음을 광명하게 열어 주고 일을 길상하게 만들어 가고 세상에 쾌락하게 머물도록 해주었다"(『태백일사』 「환국본기」). 환인 자신도 도를 깨쳐 오래 살고 몸에는 병이 없었다.

앞에서 언급했듯이, 환인은 동방 선도의 조종으로 꼽히기도 한다. 삼신의 뜻에 따라 가르침을 폈던 환인은 장생과 무병의 경계에 이르는 선의 복락을 누린 것이다. 신과 그 뜻을 펴는 자 사이의 이런 관계는 신교의 고유한 모습의 하나로 내내 이어진다. 그리고 그것은 수운에게서 신과의 극적인 만남 속에 이뤄진 일종의 '쌍무적 계약'과도 같은 형태로 나타난다.

인간을 널리 이롭게 할 땅으로 정한 신시에 도읍을 정하고 배달나라를 열었던 환웅 역시 삼신으로써 가르침을 베풀었다. 환인은 환웅에게 천부인 세 가지를 주며 이렇게 명했다.

> "이제 인간과 만물이 제자리를 잡아 정립되었으니 그대는 노고를 아끼지 말고 '무리 3천 명을 이끌고 가서 새 시대를 열어 가르침을 세우고〔開天立教〕세상을 신교神教의 진리로 교화하여〔在世理化〕 만세 자손의 큰 규범으로 삼을지어다"
> (『삼성기』)

세상에 내려온 환웅은 천신에 대한 제사를 주관했고, 다섯 가지 일을 주장하며 세상살이 다스리고 되게 하여 널리 인간을 보람 있게 하였다. 환웅은 삼신으로 가르침을 세우고 전佺의 계율(온전한 인간으로 이끄는 계율)을 업業으로 삼게 하고 무리 지어 맹세토록 하였으며 선은 권장하고 악은 징벌하는 법도를 세웠다.(『삼성기』) 그의 다스림을 이끈 이념은 위로 삼신을 위하며 널리 인간을 보람 있게 하는 것이었음이 분명하다. 환웅은 이에 염표문을 지어 널리 반포하였는데 그 글은 다음과 같은 구절로 끝맺는다.

> "그러므로 천지 조화신一神이 선악에 치우치지 않는 참마음 자리衷를 주어一神降衷 성품은 광명하게 통하게 하고性通光明, 세상을 이치로 다스려在世理化 널리 인간을 이롭게弘益人間 하노라."(『단군세기』)

한편 환웅은 삼칠일(21일)을 택하여 천신〔삼신〕에게 제사지내며, "바깥일〔外物〕을 금기하여 삼가 문을 닫고 수도하시니, 주문을 읽고 서원을 세워"(『삼성기』) 공덕을 이루기를 원하였다고

단군왕검이 운사 배달신을 시켜 강화도 마리산에 쌓은 제천단인 참성단.
하늘에 제사지내는 것을 다스림의 근본이념으로 삼았던 단군왕검은 순수한 정성으로 다져진 일심에서 하느님을 뵐 수 있다고 가르쳤다.

한다. 그리고 뒤이어 나오는 다음과 같은 구절은 환웅 또한 환인과 더불어 선에 속함을 말해 준다.

> "…선약을 드시고 신선이 되셨으며, 괘卦를 그어 미래의 일을 아시고, 천지조화의 비밀을 깨쳐 신명을 부리셨다.〔執象運神〕…"(『삼성기』)

환국과 배달의 정통 정신은 고스란히 단군에 이어진다. 단군은 하늘에 제사지냄을 다스림의 근본이념으로 삼았고, "오직 순수한 정성으로 다져진 일심을 가질 때 하느님을 뵈올 수"(『단군세기』) 있고 "하늘을 공경하고 사람들과 친하면 영원토록 복과 녹을 누리게 될 것"(『규원사화』 「단군기」)이라고 가르쳤다.

환인, 환웅, 단군의 국조삼신의 가르침은 참된 마음과 상제에 대한 섬김〔祭天〕, 홍익인간으로 요약된다. 이것은 곧 그들을 통해 세상에 드러난 신의 뜻이다. 국조삼위는 혈연으로만이 아니라 피보다 더 진한 그 신의 이념을 이어받음으로써 삼신상제를 머리로 하는 조손관계를 맺고 있는 셈이다.

그 이념은 신시의 옛 규범을 회복한 단군의 다음과 같은 말에 아주 잘 표현돼 있다.

> "너희 무리는 오로지 하늘이 내려주신 법을 지켜… 성性이 통하고 공功이 이뤄지면〔性通功完〕 하늘에 이를 것이다〔朝

天].”(『규원사화』「단군기」)

성통은 한 신[삼신]으로부터 부여 받은 본성을 틔우는 것이다. 그리고 본성은 삼신이 우리 안에 이화된 것이다. 따라서 본성을 틔우는 것은 내 안의 신성을 찾아 삼신과 하나 되는 것이다. 또 하나 됨이란 삼신에 화하는 가운데 상제를 섬기는 것이다.

'공완'은 천명을 깨달아 공업을 완수하는 일이다. 환인, 환웅, 단군의 가르침을 통해 천명은 인간을 이롭게 하는 것으로 명백해졌다.

“널리 인간을 보람 있게 하라는 홍익인간의 가르침은 환인천제께서 환웅에게 내려 주신 것”.(『태백일사』「소도경전본훈」)

그리고 다른 사람을 궁극적으로 이롭게 하는 것을 그로 하여금 참된 그 자신이 되도록 도와주는 일이다. 즉 홍익인간의 완성은 이웃을 교화하여 그들이 본모습을 찾도록 해 주는 데 있다.

그런데 이때 성통과 공완은 서로의 전제가 되는 방식으로 일체를 이룬다. 즉 완전한 성통이 되기 위해서는 공덕의 완수가 따라야 하고 또 공덕이 참되게 이뤄지려면 성통이 바탕이 되어야 한다.

단군의 가르침은 그렇게 됐을 때 '조천朝天'할 수 있다고 밝힌다. '조천'에서 조朝는 '알현하다'는 말. 조천은 위와 같이 본성을 찾아 삼신과 하나 되는 가운데 상제를 섬기고 그 뜻에 따라 공덕을 다하는 것, 그리하여 인간 성숙의 경계로 들어서서 비로소 하느님을 올바로 대하는 것을 말한다. 그리고 완성된 인간, 즉 제 본성을 온전히 발현한 인간은 성·명·정이란 자신 속의 참된 것을 회복하여 삼신과 하나 된 인간을 말한다. 그 이상적 인간이란 선仙에 이름과 같은 말이다. 그렇게 선이 됐을 때 이윽고 하느님을 뵐 수 있다는 것이다.

곧 홍익인간의 이념을 성취한 인간은 도를 깨친 사람이다.

> "홍익인간은 깨달은 사람이며, 꿈에서 깨어난 인간이다. 달리 말하면, 도통군자이며 득도한 인간이다"[33]

따라서 신교문화에서 하늘에 대한 섬김 혹은 그것의 가장 극진한 형태인 제천은 단순한 의례로 끝나는 것이 아니다. 그것은 완전한 인간을 향한, 하느님이 심은 이상적 모습을 실현하기 위한 수행의 성격을 갖는 것이다. 다시 말해 제천의례는 "자신 속의 삼진을 회복하는 수행"[34]으로서 전개되는 것이다.

> "전통적으로 한민족에게 있어 신선의 추구는 인간이 완전함에 이르고 하늘과 하나가 되고자 하는 하느님 신앙에 대

33 김용환, 「단군사상과 한류」, 97쪽.

34 선도문화연구원 편, 『한국 선도의 역사와 문화』, 564쪽.

한 염원에서 형성된 것이다."[35]

이런 제천의례의 원형은 이미 환웅천왕에게서 나타난다.

"삼칠일(21일)을 택하여 천신에게 제사지내고 바깥일〔外物〕을 금기하여 삼가 문을 닫고 수도하시니, 주문을 읽고 서원을 세워 공덕을 이루시고, 선약을 드시고 신선이 되셨으며…"(『삼성기』)

하늘을 향해 우뚝 서 있는 나무는 밝음을 우러르는 사람을 상징한다. 나무 목木 자에 그런 모습이 담겨 있다. "나무는 땅에 뿌리를 박고 하늘로 뻗어 나갔으니 사람도 이처럼 땅에 서서 나아가 능히 삼신을 대신하는 것이옵니다."(신시 치우천황 때 유위자의 말)(『태백일사』「삼한관경본기」)

35 정혜정, 『동학·천도교의 교육사상과 실천』, 38쪽.

신교문화의 제천이 "사람을 근본으로"(『단군세기』) 삼는 까닭이 여기에 있다. 말하자면 시천주해야, 오직 그 길을 통해서만 올바른 인간에 이른다. 또 올바른 인간이 되어야 하느님을 바로 뵐 수 있다.

> "신선이 되어야 너희 아버지를 알아볼 수 있으리라."(『도전』 11:199:9)

이로써 우리는 삼신하느님이 열어 준 신교의 특성에 대해 규정할 채비를 거의 갖추었다. 그러기 전에 한 걸음만 더 우회하기로 하자. 성·명·정에 대해 보다 자세히 들여다 볼 필요가 있다.

4. 내 안의 세 가지 참된 것, 성·명·정

삼신이 만유 생명의 바탕을 이룬다고 했다. 삼신이 개별 존재들의 근본〔衷〕으로 이화된 것이 성·명·정이다. 성·명·정은 '한 근원의 조상'인 삼신과 만물이 하나로 연결된 탯줄과 같은 것인 셈. 그것은 내 안에 내려와 있는, 씨앗으로 존재하는 하느님의 참된 본성이다. 특히 인간은 그 밖의 다른 것들이 치우치게 받는 것과는 달리 옹글게 품부 받았다.

> "도道가 하늘에 있음에 이것이 삼신三神이 되고 도가 사람에 있음에 이것이 삼진三眞이 되니 그 근본을 말하면 하나가

될 뿐이다."[36](『태백일사』「고려국본기」)

『환단고기』의 『태백일사』「고려국본기」에 실린 행촌杏村 이암 선생(1297~1364)의 말이다. 그에 앞서 「고구려국본기」에서 『대변경大辯經』에 실린, 고주몽 성제聖帝의 조서를 소개하고 있는데 다음과 같은 말로써 시작된다.

> "삼신이 모든 사람들을 하나의 같은 모습으로 만들어 세 참을 고르게 주니 이에 사람이 삼신을 대신하여 능히 세상에 우뚝 서게 되었도다."[37]

삼신의 조화신은 내 몸에 들어와 성性이 되어 자리를 잡는다. 하늘에서 받아 나의 소유가 된 성은 순수한 마음이나 마음의 기틀과 같은 것이다. 그것은 인간 본연의 천성을 이룬다. 성은 그런 의미로 선善하다. 교화신은 명命이 된다. 교화신이 들어와 목숨이 열리는 것이다. 여기서 명은 수명壽命, 생명력을 뜻하는 동시에 생명이 주어진 동안 내가 깨치고 실현해야 할 바를 가리키기도 한다. 즉 명命은 산천과 그 기氣를 함께하는 생명력이면서 천명을 세상에 펴는 덕과 관련된 것이다. 내 본성으로 이화돼 자리 잡은 성이 '하늘적인 것'이라면 하늘로부터 생명을 받아내려 진리를 깨달아 덕을 쌓는 명은 '땅적인 것'이다.

---

36 道在天也, 是爲三神, 道在人也, 是爲三眞, 言其本則爲一而已.

37 天神造萬人一像, 均賦三眞, 於是人其代天而能立於世也.

그리고 치화신은 몸과 마음을 다스리는, 생명의 동력원인 정精을 이룬다. 정은 내 안의 하나님 마음과 생명을 복원시키는 힘으로 작용한다. 정의 바탕 위에서 성의 밝음으로 명을 이루고 명을 다하여 성을 참되게 하는 일이 이뤄진다. 그래서 이르기를 성性은 명命을 떠나지 않고 명命은 성性을 떠나지 않으니 그 가운데 정精이 있다고 한다. 치화신이 이화하여, '하늘적인 것'〔성〕과 '땅적인 것'〔명〕 사이에서 둘을 지키고 서로 조화되게 하는 정은 '사람적인 것'이다.

물론 정기가 확고할 때 성, 명은 제대로 지켜지겠지만, 바꾸어 성, 명을 뚜렷이 하는데 정기의 보존이 있을 수 있다. 세 가지 가운데 어느 것도 다른 나머지 것들이 온전히 갖춰져야 제대로 있을 수 있는 것이다. 성·명·정의 셋 또한, "성품을 응집凝集하여 슬기를 이루고 목숨을 응집하여 덕을 쌓으며 정기精氣를 응집하여 힘을 내"는(『태백일사』「고려국본기」) 식으로 하나를 이루는 것이다.

> "그러므로 사람의 본성에 대한 신령한 깨달음은 하늘의 신과 그 근원을 함께하고, 목숨이 생명으로 드러나는 것은 자연의 산천과 그 기를 함께하며, 정기가 영원히 지속되는 것은 창생과 그 업을 함께 하는 것이다. 바로 하나를 잡아서 셋을 포함하고, 셋을 모아서 하나로 돌아감이 바로 이것이

다."[38](참조 『단군세기』)

하늘로부터 내려 받은 성·명·정 자체는 순일한 것이다. 그러나 그것은 육신을 뒤집어쓰면서 삼망三妄이란 비본래적인 양상으로 나타난다. 삼망은 심·기·신을 말한다. 삼진이 생명의 순수한 기틀〔玄機, 神機〕로서 보편적, 형상적인 것이라면 그것이 육신이란 질료를 만나면서 생겨나는 구체적 작용이 심·기·신이다. 전자를 삼관三關이라고 하고 후자를 탈바꿈하여 이루게 되는 근원이라 하여 삼방三房이라 한다. 심·기·신에는 각기 분별이 따르게 된다. 마음은 선하고 악함이 있고 기운은 맑고 흐림이 있으며 몸은 후함과 박함이 있다.

성·명·정의 삼관과 심·기·신의 삼방이 상대하면서 감·식·촉이 일어난다. 감·식·촉은 다시 삼문三門이라 이른다. 감·식·촉은 각기 여섯 가지 종류를 포함하여 모두 열여덟 경지를 이룬다. 느낌에는 기쁨과 두려움과 슬픔과 성냄과 탐냄과 싫어함이 있고 숨쉼에는 향내와 숯내와 추위와 더위와 전기電氣와 습기濕氣가 있고 부딪힘에는 소리와 빛깔과 냄새와 맛과 음탕淫蕩함과 살닿음이 있다.

무릇 중생들은 순수한 삼진을 견지하지 못하고, 삼망의 분별

38 故其性之靈覺也, 與天神同其源; 其命之現生也, 與山川同其氣; 其精之永續也, 與蒼生同其業也. 乃執一而含三, 會三而歸一者是也.

속을 헤매게 된다. 육신을 갖는 한 불가피한 일이기도 하다. 그걸 두고 유한성이라고 불러야 할 것이다. 우리는 그 무명을 더듬다, 나고 자라고 늙고 병들고 죽는 괴로움에 빠지기 마련이다.

이로부터 돌아서 참됨으로 나아가는 길로 지감止感, 조식調息, 금촉禁觸의 삼법수행이 말해진다. 지감은 느낌을 그치는 마음공부로 참된 성性을 보는 방법이다. 조식은 숨을 고르게 하는 공부로서 참 명命을 얻는 방법이다. 그리고 금촉은 부딪힘을 금하는 공부로서 참 정精을 얻는 방법이다. 한마디로 세상의 욕망과 통하는 육체의 구멍을 닫고 내 안으로 향하는, 내안의 보석인 삼관을 구하는 것이다.

이 삼법수행은 신시 배달의 5세 태우의환웅에 의해 기틀이 마련됐다. 태우의환웅은 이렇게 이른다.

> "반드시 묵념하고 마음을 맑게 하여 호흡을 고르게 하고 정기를 보전하면 이것이 늙지 않고 오래 사는 방법이니라."[39](『태백일사』「신시본기」)

그렇지만 불로장생에 이르게 하는 이 수행법의 연원은 환인에게로 거슬러 올라가야 마땅할 것이다. 환인은 도를 깨쳐 오래 살고 온몸에 질병이 없었던 선이 아니었던가?

---

39 默念淸心, 調息保精, 是乃長生久視之述也.

이와 같이 기도와 수행을 통해 삼진을 잘 닦아 자기 본연의 신성을 회복할 때, 삼신의 조화세계에 들어가는 것이다. 그렇지만 상제를 섬기는 가운데 이뤄질 이 성통의 길은 공완과 짝을 이뤄야 한다는 것을 앞에서 밝혔다. 삼망을 바로잡아 삼진으로 나아가 자신 속에 깃든 대신기大神機를 발현시키는 길은 본연의 성품에 통하고 역사에 큰 공덕을 완수하는 것이다. 환웅이 완전한 인간[仙]이 되기를 원하는 검겨레에게 당부하는 말 속에 이 가르침이 들어 있다.

> "그대들이 이 쑥과 마늘을 법식에 맞게 잘 복용토록 하라. 그리고 백날 동안 햇빛을 보지 않으며 수련에 힘쓰도록 하라. 그래야만 저마다 원하는 대로 성명정의 참됨을 이루고 세상살이를 높고 낮음 없이 다스릴 수 있으리니 그리하여야 다른 이를 교화하며 인간의 본모습을 가다듬게 해주는 큰 사람이 될 수 있으리라."(『태백일사』 「신시본기」)

이같은 성통공완의 가르침을 준수함으로써 검겨레는 "선인건자仙人健者로서의 여인의 자태를 갖추게 되었다."(『태백일사』 「신시본기」)

또한 을지문덕의 다음과 같은 말이 요령을 잘 담고 있다. 살수대첩의 영웅으로 알려진 을지문덕은 천신天神을 뵙고 큰 깨달음을 얻은 인물로 매년 3월과 10월에 하늘에 제사를 드렸다.

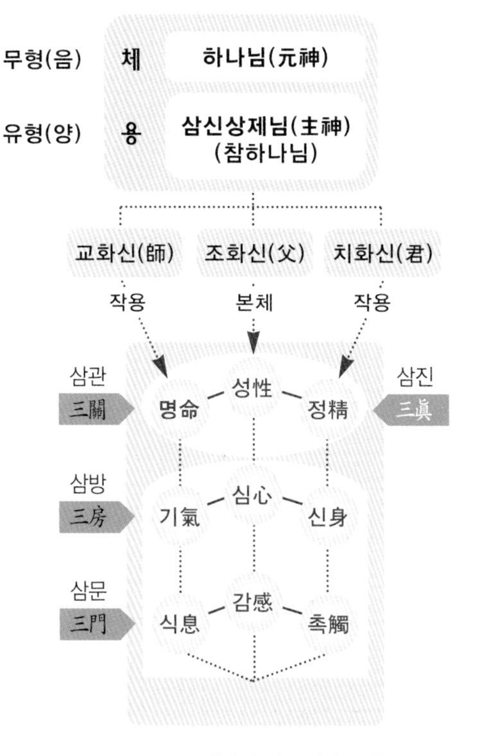

삼신의 작용원리 도표

"도로써 삼신을 섬기고 덕으로서 나라를 도탑게 할 수 있어야 천하에 할 말이 있다고 나는 생각한다. 세검한몸의 기운을 받아 성·명·정을 나누어 얻고 스스로 빛 밝음으로 환하여 본바탕을 잃음이 없으니 때에 맞춰 느낌이 발하여 도가 트인다. 이것이 곧 덕德·혜彗·력力 삼물三物을 체득하여 실행하고 심·기·신 삼가三家를 탈바꿈하여 이루고 감·식·촉 삼도三途를 기쁘게 채워 주는 까닭이다. 이 모든 말의 핵심은 염표문을 외우어 세상살이 다스리고 되게 하며 고요함으로 가름길과 가달길(감·식·촉의 세 길, 괄호 필자)을 잘 닦아 널리 인간을 보람 있게 하는 데 있다."[40](『태백일사』「고구려국본기」)

우리는 이제껏 신교의 중심에 있는 신의 뜻을 알기 위해 긴 여정을 지나왔다. 그 길의 끝에서 신의 뜻은 다음과 같이 요약된다. 인간으로 하여금 성숙과 완성에 이르도록 다시 말해 신의 기대가 걸린, 알찬 인간 열매로 결실을 맺도록 하라. 인간을 낳고 기른 신이 품은 뜻, 또는 그 신이 유형화된 하늘, 땅이 간직하고 고대해 온 바람은 인간의 완성과 성숙에 있었던 것. 그렇다면 신의 주재, 하느님의 하는 일은 인간농사였던 셈이다.

나를 섬겨서 이상적 인간으로 열매 맺으라는 신의 가르침, 신교에는 천제문화와 선, 하느님 신앙과 선이 하나로 결속돼 있음을 알 수 있다. 단군의 호칭을 둘러싸고 이 장의 머리에서 제기됐던 물음은 이미 논의 가운데서 답이 구해졌다. 굳이 확인하면 신교에 따라 세상을 다스렸던 단군 자신이 신의 아들 혹은 대행자로서 봉신〔천제〕의 제사장이면서 장생불사의 선인이었던 것이다.[41]

40 道以事天神, 德以庇民邦, 吾知其有辭天下也. 受三神一體氣, 分得性命精, 自在光明, 昻然不動, 有時以感發而道乃通. 是乃所以體行三物德彗力, 化成三家心氣身, 悅滿三途感息觸. 要在日求念標, 在世理化, 靜修境途, 弘益人間也.

41 '단군'이란 용어 자체가 제천과 선의 의미를 지녔다고 보기도 한다. 최남선은

다음으로는 이같은 신교의 흔적을 역사의 현장에서 찾아보기로 하자. 그곳은 중국인들이 국외〔塞外〕로 여긴, 만리장성 밖 요동 지역에서 발견된 홍산문화 유적지다.

5) 홍산문화의 증언

지난 1986년 4월 중국 신화사 통신은 인류 문화사와 관련하여 놀라운 소식을 전 세계를 향해 타전한다. 요하유역에 자리한 우하량 유적에서 기원전 3,500년까지 거슬러 올라가는 대형제단, 여신묘, 적석총이 발굴되었다는 것이다. 이 발견이 충격적이었던 것은 3황5제의 신화시대를 운운하던 기원전 3,500년에 이미 초기 국가단계의 성립을 알려주는 대규모 유적이란 사실 때문이다.

우하량 유적은 홍산문화라고 불린다. 붉은 산이란 뜻의 홍산紅山은 내몽고자치구 적봉시의 동북방에 있는 산 이름. 철 성분이 많은 바위산이어서 나무가 자라지 않아 언제나 붉은 색을 띠고 있다고 한다. 홍산문화는 광의의 의미로도 쓰인다. 이 경우

『불함문화론』에서 단군이란 말의 유래를 몽고어의 텡그리Tengri에서 찾으면서, 이 말은 천과 무를 뜻한다고 밝혔다. 이때 무란 선에 뿌리를 둔 원형적인 무로 이해해야 할 것이다. "대개 단군의 일에 대한 것은 원래 신의 일을 띠고 있고 겸하여 선풍仙風적 색책가 있다"고(이능화, 『조선도교사』, 193쪽) 보는 이능화 역시 단군은 단을 모으고 하늘에 제사지내는 제사장을 가리키는 동시에 동군東君 등과 같이 선가仙家에서 쓰던 용어로서 선 또는 신의 의미를 지닌다고(같은 책, 23/24쪽) 설명했다.

기원전 4,500년까지 올라가는 신석기 문화를 말하며 내몽고와 요녕성의 접경 지역인 적봉赤峰, 조양朝陽, 능원陵源, 객좌喀左, 건평建平 등을 중심으로 유적지들이 분포돼 있다. 여기에는 소서하小西河문화, 사해査海문화, 하가점夏家店하층문화 등이 포함된다. 그래서 이것과 구별하기 위해 우하량 유적의 홍산문화(기원전 3,500~3,000년)를 홍산문화만기나 홍산문화 후기로 구별하여 부르기도 한다.

홍산문화 3대 요소로 불리는 제단, 여신묘, 적석총의 의미와 내용을 살펴보면 놀라움은 더 커진다.

1) 제단 : 우하량 제2지점에서는 3원 구조로 된 거대한 원형 제단과 방형 제단이 발굴됐다.(동서로 160m, 남북으로 50m나 되는 대형제단이다.) 최고 통치자가 하늘에 제사를 지내는 제천단으로 보인다. 원형과 방형 형태의 제단은 천원지방(하늘은 둥글고 땅은 네모나다) 사상을 나타내는 것으로서 북경 천단天壇 구조의 원형으로 해석된다. 제단을 비롯하여 여신묘와 적석총이 삼위일체를 이룬 배치는 북경의 천단 태묘太廟, 명13릉明十三陵과 유사한 점이 있다고 지적되기도 한다.

2) 여신묘 : 또한 여신묘가 발굴됐고, 여기에서는 여신두상을 비롯하여 부서진 여신상의 조각들이 다수 발견됐다. 여신묘는 종족의 시조묘로 추정된다. 주위에 적석총들이 모여 있는 것도

적석총과 제단

여신묘

복원한 여신상과
여신두상

이와 연관이 있는 것으로 보인다. 크기가 사람에 가까운 여신 두상은 황토질 점토로 빚어 만든 소조상이다. 특히 눈길을 끄는 것은 부서진 파편들을 모아 복원한 여신상을 보면 반가부좌한 상태로 수행을 하고 있는 모습이란 점이다. 오른쪽 다리를 왼 다리 위에 얹고, 손은 오른손으로 왼손을 쥔 상태로 단전 앞에 가지런히 모아져 있다.(지금이나 2~3천년 전이나 그보다 좀더 거슬러 올라간 홍산문화 시절에도 그 모습으로 할 수 있는 것은 수행밖에 없을 터다.)

3) 적석총 : 이밖에 돌을 쌓아 묘실을 만든 적석총(돌무지무덤)과 돌 판을 잘라 묘실 벽을 짜는 석관묘(돌널무덤)가 다수 발굴됐다. 이런 돌무덤은 요서지역에서 한반도·일본으로 이어지는 것이고, 중원 지역에서는 발견되지 않는다. 적석총은 예·맥과 고구려, 백제, 일본으로 북방계통의 묘제다.

여기서 또한 중요하게 다뤄져 할 것은 무덤들에서 다양한 옥기들이 출토된다는 사실이다. 옥웅룡을 비롯한 동물형 옥, 말굽형 베개, 구름형 옥패, 방원형 옥벽玉璧 등. 부장품인 옥기들은 묘마다 그 양이 달랐는데 이는 묘 주인의 신분 차이에서 기인하는 것으로 설명된다.

옥기의 발견은 당시 사회가 이미 신분과 계급이 분화된 사회며 그 양이나 질로 볼 때 전문적인 장인들이 존재했다는 점을 말해준다. 그와 함께 옥의 특성에도 주의를 기울여야 한다. 상제를 옥황상제라 하고 상제가 있는 곳을 옥경이라고 하는 등 옥은 하늘의 상제와 불가분의 관련을 갖고 있다. 이옥신통以玉神通, 옥은 신과 인간을 매개한다. 『설문해자』에 영靈 자에 대해 풀이하기를, 밑의 무巫가 옥(가운데 입 구口 자 세 개)으로 신과 소통한다고 풀이한다. 무는 본래 신과 하나 되어 신의 뜻을 실현하는 사람이다. 여기서 옥은 무가 신에게 바치는 예물이다. 또 예禮를 제기를 뜻하는 豆 자위에 두개의 옥을 올려놓은 것으로 묘사하며 그것은 곧 신을 섬기는 일을 나타낸다는 주장도 있다.

동시에 변하지 않는 옥은 영생불멸 사상, 즉 선 사상과도 연관돼 있다. 옥은 천지 영기靈氣의 결정으로 여겨졌으며, 옥을 가루(옥설)나 단丹으로 만들어 먹거나 옷으로 지어 입으면 무병장수하고 새로운 생명으로 거듭나는 것으로 인식됐다. 무덤에 옥기를 부장하는 것은 홍산문화 이후로도 이어져 은, 주 시대의 무덤에서는 사자의 입에서 옥매미, 옥물고기, 옥조개, 옥구슬 등이 발견됐다. 특히 한나라에 이르러서는 매미 모양의 옥이 가장 보편적으로 사용됐다고 한다. 여기서 매미처럼 탈태하여 우화등선, 새 생명으로 거듭나기를 바라는 기원祈願 을 읽을 수 있다.

게다가 옥웅룡은 주로 죽은 자의 가슴팍에서 발견됐는데, 용 역시 조화와 불멸, 우화등선의 선을 의미한다. 용 형상물과 함께 봉황을 묘사한 도기陶器도 다수 발굴됐는데, 봉은 불의 정한 것〔火之精〕이라고 하여 태양과 상통한다. 봉황 역시 불멸성, 곧 선을 나타낸다. 또한 용봉龍鳳 토템은 동아시아의 독특한 문화현상으로 천자문화의 뿌리가 되기도 한다. 용은 천자가 그렇듯이 하늘과 인간을 연결하는 중매자 역할을 하고, '인조仁鳥', '성조聖鳥'로서 군자가 갖춰야 할 덕목을 지닌 봉은 천자를 미화하는 상징이다. 한편 부엉이나 매 등의 새 형상 옥기도 발견됐는데, 태양을 상징하는 삼족오를 비롯하여 새는 동북아에서 하늘의 뜻을 인간세계에 전달하는 신물神物로 여겨졌다(새의 옛말이 해라고도 한다).

이로써 홍산문화에서 발견된 옥기에는 하늘의 신을 섬기고〔시천주〕선을 성취하려는 뜻이 간직돼 있다. "신선이 되어야 너희 아버지를 알아볼 수"(『도전』 11:199:9) 있나니, 그렇다면 사자에게 옥을 쥐어 보내는 뜻은, 그가 다시 영생불멸의 생명으로 선체仙體로 되살아나 조천, 하늘의 제를 만나도록 함인가?

이렇게 볼 때 우하량 유적의 홍산문화는 상제를 섬기고 조상을 숭배하며 선을 삶의 지표로 삼는 등 우리가 신교문화의 특징으로 언급한 요소들이 고스란히 담겨있다. 그렇다면 이는 홍산문화의 주인공이 또한 신교문화의 주체들이란 사실을 시사한다. 정말 그럴까? 중국 요서지역에서 홍산문화를 일군 사람들이 우리 민족의 조상들이거나 동족일까? 이를 위해 홍산문화의 역

부엉이

일찍부터 도에 뜻을 두고 동무를 구하던 김형렬 성도는 전라도 고부에 강가姜哥로서 신동이 있다는 소문을 듣고 고부로 향한다. 그는 나중에 한 생애를 바치는 도문의 식주인이 된다. 날이 어느덧 저물자 그는 우연히 태인 매당 불출암佛出庵으로 이끌려 들어간다. 암자에 이르자 갑자기 부엉이가 요란하게 울어댄다. 부엉이 소리에 의아해 하던 김형렬 앞에 당시 성수 열 넷이던 증산 상제가 모습을 나타낸다. 당시 김형렬 성도의 나이는 스물셋이었다. 불출암은 미륵불이 땅에서 솟았다 하여 붙여진 이름이다. 증산 상제는 미륵의 인연을 가진 그곳에서 김형렬 성도와 첫 만남을 가졌으며, 부엉이는 그 만남을 주선한 신의 사자使者 역할을 한 셈이다. 그 뒤 10년 후 증산 상제가 동학혁명에 참여한 김형렬 성도를 죽음의 위기에서 구해줌으로써 그와의 인연은 계속 이어진다.

사적, 고고학적, 지리적 성격을 되새겨 보자.

첫째, 앞서 밝힌 대로 적석석관묘는 요서지역에서 만주, 한반도, 일본으로 이어지는 것이고 중원 지방에서는 발견되지 않는다.

둘째, 곰 형상의 옥웅룡을 언급했지만, 또한 제사터에서는 희생으로 사용된 곰의 아래턱이 발견된다. 이는 주도세력이 곰을 토템으로 하는 민족이었음을 시사한다.

여기에 수행하는 여신상을 상기해 보자. 온전한 인간이 되고자 웅족이 환웅의 명에 따라 수행했을 때 아마로 그런 모습으로 행했을 것이다. 또한 그것은 단군성조의 모습과 닮아 있다.

> "단군성조께서는 공수拱手한 채 단정히 앉아 무위無爲로써 세상의 질서를 바로잡아 다스렸다. 현묘한 도를 깨우치셨으며…"(『삼성기』)

셋째, 홍산문화를 잇는 문화로 하가점하층문화와 하가점상층문화, 위영자문화 등이 있는데, 단군 조선과 밀접한 관련이 있다. 하가점하층문화, 위영자문화 지역 등이 고조선의 유물인 비파형 동검이 나오는 지역이기 때문이다.

한편 중국 길림성 통화시에서 발견된 여명문화를 들어 홍산문화와 고구려의 연원 관계를 주장하기도 한다. 고구려 중심지였던 집안시에 북쪽으로 2시간 거리에 있는 이곳에서 기원전

2,000년까지 소급되는, 40여기의 고대 제단과 수백기의 취락 유적 및 적석묘 묘지가 발굴됐다. 여기서 발견된 세 유형의 환형제단은 우하량 홍산문화의 제단·신전·고분과 흡사하며 적석묘군은 고구려 적석묘의 원형으로 볼 수 있다고 한다. 또 제단유적의 족속은 고문헌에 나오는 맥족 계통인 것으로 분석된다. 이로써 홍산문화와 여명문화, 고구려는 문화의 연원관계를 보여주고 있다는 지적이다. 하지만 아쉽게도 여명문화에 대해서는 최초의 언론 보도 이후 중국정부가 철저하게 보안에 붙이고 있다고 한다.

넷째, 중국의 옛 문헌들에는 이 지역이 동북아시아의 고대 민족인 동이의 강역이었으며 예·맥의 선조들이 주도하던 곳이었음을 밝히는 다수 기록들이 있다. 그 가운데 『상서』의 기록을 예로 들면, 우공편의 기주조에 "조이피복"(조이는 가죽옷을 입는다 혹은 조이족의 공물은 피복이다는 뜻)이라고 언급돼 있다. 조이가 주도한 지역인 기주는 요서지역을 포괄한다. 그런데 조이는 기원전 2000여 년 훨씬 이전에 활동한 종족으로서 동북이, 동이를 가리킨다. "조이는 동방의 백성이다.", "조이는 동북 이국夷國의 이름이다." 등.

이로써 홍산문화의 주인공이 신교문화의 주역이며 곰 토템을 지녔고, 동이라고 불렸던 우리 겨레였음을 알 수 있다. 홍산문화의 존재는 상고시대 우리 겨레가 이룩한 신교문화의 핵심이

<사진14> 홍산문화 유적지에서 출토된, 용, 곰, 부엉이 등 다양한 형태의 옥기들.

시천주와 선이었음을 증언한다. 바꾸어 그런 특성을 지닌 홍산문화가 우리 민족의 주도하에 이뤄진 것이란 점을 확증해준다. 두 주장은 번갈아가며 서로를 확증한다고 할 것이다. 보다 엄밀한 연구를 통해 그 같은 양자 사이의 상호 해명이 깊어질 때 신교문화의 진실은 더욱 밝게 빛날 것이다.

6) 다른 특성들

앞의 논의 가운데서는 그같은 신교의 핵심적 특성 외에도 간과할 수 없는 또 다른 특성들이 군데군데 언급됐다. 이 자리에서는 그런 점들을 한 자리에 모아 정리하고자 한다. 다만 여기서는 그에 대해 상세히 다루지 않고 환기하는 정도에 그침을 밝혀둔다. 그런 점들이 공정히 다뤄지기 위해서는 별도의 논의가 필요하다고 본다.

우선 첫 번째 특성은 신교는 유불선의 연원이란 점이다. 양자의 관계에 대해서는 앞에서 인용한 최치원의 난랑비서에 잘 표현돼 있다.

눈여겨 봐야 할 것은 "삼교포함"이란 말이다. '포함包含'은 '포함包涵'과는 다른 말이다. 후자가 단순히 밖으로부터 휩쓸어 싸다는 의미라면 전자는 본래부터 함께 그 속에 들어 있다는 뜻이다.[42] 곧 최치원은 풍류라고 불리는 신교에는 애초부터 뒤에 삼교사상의 핵심 가르침들이 들어 있다고 말하고 있다. 그리고 유불선의 삼교는 뒤늦게 그 요소들을 다듬어 자신들의 종지로 삼았다는 것이다.[43]

최치원은 또 다른 곳에서 우리에겐 이미 유와 불의 토대가 되는 신교적 유산이 남아 있어서 유불의 도를 따르는 것이 붉은 인주가 옥새에 새겨진 대로 찍히고 쇠가 거푸집 안에 들어있는 것과 같다고 말한다.

> "우리 태평국의 승지勝地는 사람의 성질이 매우 유순하고 지기地氣가 만물을 생기게 하는 데 모아졌다. 산과 숲에는 말없이 고요하게 도를 닦는 무리가 많아 인仁으로서 벗을 모으고, 강과 바다의 물은 더 큰 곳으로 흐르려는 형세를 좇아, 선善을 따르는 것이 물 흐르는 것 같았다. 이런 까닭에 군자의 풍도를 드날리고 부처의 도에 감화되어 젖는 것이, 마치 붉은 인니印尼가 옥새를 따르고, 쇠가 거푸집 안에 들어

42 국립국어연구원 엮음, 『표준국어대사전』 참조.

43 이때 '이를테면'이란 단어에 유의하기도 한다. 그 단어는 신교에 삼교의 핵심 주장이 이미 들어있는데 예컨대 이렇다는 점을 의미한다는 것이다. 그리고 그것은 "'포함삼교'의 해석이 잘못되지 않도록" 뒷받침해 주며 뒤이어 최치원이 열거한 특징들이 "삼교사상의 핵심적 요소로 먼저 규정된 것이" 아니라 삼교사상과 대비(對比)하여 파악된 "강령적 요소"임을 알게 한다.(최영성, 『최치원의 철학사상 연구』, 264쪽)

있는 것과 같아서, ….”[44]

신교를 경천과 제천의식, 이상향 등 종교적 구성요건을 갖춘 현대적 고등종교로 파악하며 신선도라고 부르는 안창범 교수는 다음과 같이 말한다.

> “…신선도를 나누면 도·불·유가 되고, 도·불·유를 歸一하면 신선도가 되어, 신선도는 도·불·유의 본체가 되고, 도·불·유는 신선도의 用인 지류가 된다.”[45]

신교가 유불선을 포함하고 있다는 것을 뒷받침하는 시도는 대개 두 가지 방식에서 이뤄지고 있는 것으로 보인다. 그 한 가지는 유불선의 중심 이념들이 신교에서 이미 발견된다는 점을 밝히는 방법이다. 신교 안에 원래 있는 유불의 정신적 기조가 유와 불을 통해 그것들의 특수한 가르침이나 원리로서 나타난다는 것이다. 이것은 최치원의 주장을 보다 구체화하는 방식에 해당한다. 또 하나는 유불선을 개창한 주역들이 신교의 가르침에 따라 살던 배달겨레 출신이란 사실을 지적하는 방식이다. 배달겨레는 동이나 구이, 구려 등으로 불린다. 유교의 경우를 들어 살펴보자.

---

44 재인용, 같은 책, 256쪽.

45 안창범, 「불교와 한국의 신선사상」, 174쪽. “그래서 신선도를 이들 종교의 개별적인 측면에서 보면, 신선도는 古道教(古仙道)·古佛教·古儒教가 되며, 신선도를 說한 한인·한웅·한검의 三神은 古仙·古佛·古聖이 되고, 동시에 三仙·三佛·三聖이 된다.” 같은 곳. 이밖에도 안창범, 「神仙道와 東學의 起源」 참조.

유교의 핵심인 인 사상이 신교의 가르침과 생활 속에 이미 발견된다는 주장이다. 예컨대 정성과 믿음으로 거짓말하지 않고 게으르지 않으며 부모님께 효도하고 청렴과 의리를 지켜 음란하지 않으며 겸손하고 온화해서 싸우지 않아야 된다는 환국의 다섯 가지 훈訓에 담긴 덕목들은 인으로 귀속된다는 것이다. 또 유승국 교수는 '인仁'은 '인人'에서 유래하는데 '人'은 원래 동이를 표시하는 고유명사라고 주장되기도 한다. 어질어야 사람인데 어진 사람은 동이였고 그래서 인은 고유하게 동이를 가리켰다는 것이다.[46]

중국학자 라오간은 동이란 군자국으로 추앙받았기에 후대 중국에서 동이족을 뜻하는 '人' 자를 빌려 '인류人類'라는 보통명사로 사용하게 된 것이라고 주장하기도 한다. 이밖에 '밝은 덕을 밝혀 이웃을 새롭게 하라는 대학의 길이나 천지의 덕에 합하고 천지 화육을 돕는 성인의 과업 등의 원형적 모습도 제 본성을 틔워 홍익인간을 실천하라는 신교의 근본 가르침에서 발견될 수 있을 것으로 보인다. 또 유승국 교수는 효 개념이 유교가 우리나라에 들어오기 전에 '고신도'라 불리는, 우리의 고대신앙 속에 들어있음을 밝히기도.

46 한국의 인간 사상이 신선 사상에서 신선 사상이 산악 사상에 나온다고 보는 입장에서는 『논어』에 나오는 '인자요산仁者樂山 인자수仁者壽'도 다음과 같이 해석된다. 한국의 인간주의자가 산을 즐기며 신선사상의 본질인 불로장수를 탐구하는 것을 나타낸다는 것이다. 최인, 『한국사상의 신발견』, 232~233쪽 참조.

인륜의 구체적인 덕목들의 비교를 떠나 (삼)신과 인간의 조화를 가르치는 신교 안에 이미 유불선 삼교가 주장한 이념의 원형이 발견된다. 삼신에 깃든 천도 지도 인도는 신교의 교화가 깊어지면서 전佺·선仙·종倧의 이념으로 구체화한다. 『환단고기』에 인용된 「대변경」에 따르면, 전이라 함은 사람들이 스스로 온전해지는 길을 좇아서 능히 하늘의 성품을 틔워 참을 이루는 것이다. 선은 사람들 스스로 생산하는 길을 좇아 능히 천명을 알아 선함을 넓히는 것이다. 종은 사람들 스스로 마루되는 길을 좇아 정기를 보존하여 아름다움을 이루는 것이다. 그것은 각기 "성품을 응집凝集하여 슬기를 이루고 목숨을 응집하여 덕을 쌓으며 정기精氣를 응집하여 힘을"(『태백일사』 「고려국본기」) 내도록 가르친다.

> "그러므로 전佺이란 것은 텅 비게 함으로써 하늘에 근본을 두고 선仙이란 것은 밝게 함으로써 땅에 근본을 두며 종倧이란 것은 굳게 함으로써 사람에게 근본을 두는 것이다."[47](『태백일사』 「신시본기」)

전·선·종은 곧 모든 인간이 천도, 지도, 인도에 부합하여 성·명·정을 회복함으로써 온전함을 꾀하도록 하는 계율[全人受戒]이다. 그것들은 차례대로 조화를 요체로 하는 선, 심법을

47 故佺者, 虛焉而本乎天, 仙者, 明焉而本乎地, 倧者, 健焉而本乎人也.

주장하는 불, 인간의 도리를 밝히는 유의 싹에 해당된다는 것이다.

한편 유교를 개창한 주역으로 꼽히는 중국 상고시대의 순임금이나 공자가 동이족 출신이란 점을 거론하기도 한다. 흔히 요임금과 순임금을 유교의 시조로, 공자를 으뜸 스승으로 꼽는다. 그런데 요임금보다는 순임금을 실질적인 시조로 친다. 순임금은 "인심은 위태롭고 도심은 은미하니 정밀히 생각하고 실천해서 그 가운데를 잡으라"(『서전』)며, 처음으로 중용의 길을 밝혔고, 지극한 효의 길을 몸소 보여줬다. 그에 관해서는 "위대한 순에는 위대함이 있다"(『맹자』), "크게 아는 사람"〔대지(大知)〕(『중용』), 그의 덕은 "크게 밝다"(『사기』) 등의 평가들이 이어졌다.

이렇게 유교의 이념을 처음 밝히고 행함으로써 유교의 선구자로 추앙받는 순이 동이 사람이란 것이다.

> "순임금이 제풍에서 나고 부하에 옮아갔다가, 명조에게 죽었는데, 그는 동이사람이다."(『맹자』)
> "순임금은 동이에서 낳아 중국으로 들어가 천자가 되었다. 다스림이 특출하여 역대의 임금 중에 으뜸이 되었다."(『동이열전』)

공자 또한 동이 겨레의 후손인 은나라 사람으로 전한다. 공자 스스로 세상을 뜨기 며칠 전 제자인 자공에게 꿈 이야기를 하며 자신이 은나라 사람이라고 밝힌다. 맹자가 공자의 유도는 북방 이적夷狄의 나라인 맥(貉, 貊)의 도, 곧 "맥도貉道"[48]라고 평했을 때, 그의 이런 학문적 연원과 출신을 고려했을 것이다. 그럴진대 공자가 뗏목을 타고 저 구이九夷에 가고 싶다는 탄식은 수구지심의 일단이었을지도 모르겠다.

자비를 내세우고 각자의 참된 본성을 찾도록 가르치는 불교, 질박함과 무위를 강조하고 장생과 조화의 선을 지향하는 도가 사상이나 선도 또한 같은 방법론에 따라 신교에 뿌리를 두고 있음이 주장된다. 이에 대해서는 상론하지 않기로 한다. 다만 신선을 지향하는 선의 경우 환인 이래 성통공완을 통해 선의 경계에 이르는 것을 삶의 지표로 삶았던 신교에서 연원을 구해야 한다는 점은 충분히 분명하게 드러났다고 본다.

또 우리의 논의를 통해 드러난 신교의 또 다른 특징은 상제는 군사부 일체의 주재자로 규정되고 있다는 점이다. 삼신의 창조원리로써 주재하는 상제는 만물을 짓는 조화의 아버지요 기르고 가르치는 교화의 스승이요 성숙하여 결실을 맺도록 다스리는 치화의 임금이다. 이것은 한 사람이 동시에 자식들에 대해서는 어버이며 가르치는 학생들에 대해서는 스승이며 다스리는 국민들에 대해서는 통치자일 수 있는 이치와 같다.

48 子之道 貉道也. 『맹자』

마지막으로 언급하고 싶은 신교의 특성은 영부와 주문呪文이 중요한 역할을 한다는 사실이다.[49] 그것들은 하늘의 약속을 상징하거나 선에 이르도록 하는 선매의 구실을 한다. 인간 세상을 다스리러 세상에 내려가는 환웅에게 삼신의 대행자인 환인은 천부인을 주었다. 천부인의 정체에 대해서는 논란이 분분하다. 거울, 칼, 방울, 북 등으로 보기도 하고, 풍백, 우사, 운사를 거느리는 표장과 같은 것, 하늘의 이치를 담고 있는 그림이 새겨진 도장 혹은 도장으로 찍어준 그와 같은 물형부 등으로 보기도 한다. 정체가 무엇이든 천부인은 하느님의 대행자 혹은 자식으로 천명을 받았으며 그것을 실현할 수 있는 권한과 능력을 부여받았음을 보여주는 증표며, 나아가 조화의 신통력을 지닌 신물神物일 것이다.

『삼국유사』도 그 영부의 신이함에 대해 언급한다.

"대체로 옛날의 성인들이 예악禮樂으로 나라를 일으키고 인의仁義로 가르침을 베풀려 하면 괴이, 완력, 패란悖亂, 귀신에 대해서는 어디에서도 말하지 않았다. 그러나 제왕이 일어나려 할 때는 부명符命을 받고 도록圖籙을 받음에 반드시 보통 사람들과는 다른 점이 있었고 그런 연후에야 큰 사변을 이용하여 천자의 지위〔大器〕를 장악하고 (제왕의) 대업을 이

49 이찬구는 부주(영부와 주문을 줄여 말한 것이다) 사상을 한단사상(고조선 건국에 관한 역사 기록에 나타난 사상)의 주요한 한 특성으로 보면서 이를 동학의 영부 및 주문과 연관짓는다.(이찬구, 『천부경과 동학』, 547~567쪽)

룰 수 있었다."(『삼국유사』, 권1 기이 제1)

『규원사화』에 따르면 대진국을 건국한 대조영 또한 부를 통해 천명을 받았다.

> "고왕高王〔대조영〕의 꿈 중에 신인이 금부金符를 주며 '천명이 네게 있으니 우리 진역震域을 다스리라'고 했다. 때문에 나라 이름을 진震이라 하고 건원建元을 천통天統이라" 했다.(『규원사화』 「단군기」)

또 백제의 시조 온조대왕 역시 천제가 천부를 주어 천하를 다스리게 되었다고 『속일본기』는 전하고 있다.

한편 다음의 인용문들을 각각 부가 생명의 씨앗이며 조화의 신물이란 것을 말하고 있다.

> "천일신께서 까마득히 위에 계시사 '세 큼·세 밝음·세 한'으로 표현되는 영부가 만만세의 만만민에게 크게 내리고 또 내리도다."(『태백일사』 「삼신오제본기」 365쪽)
> "천부왕인을 차면 험한 곳을 지나더라도 위태롭지 않을 것이며 재앙災殃을 만나더라도 해를 입지 않으리라."(부루 태자가 우사공에게 알리는 말 중에서)(『태백일사』 「삼한관경본기」 152쪽)

또 웅녀〔검겨레의 딸들〕가 "주원유잉呪願有孕"(『삼국유사』 권

1 「기이」 제1; 『삼성기 하』), 주문을 읽어 혼인하여 자식을 낳았다는 이야기는 온전한 인간, 다시 말해 仙이 되고 佺(=人+全)이 되는 데는 주문 수행이 필수적 과정이었음을 말해준다. 그리고 이는 환웅천왕의 가르침을 이은 것이다.

> "환웅천왕은 삼칠일(21일)을 택하여 천신에게 제사지내고 바깥일〔外物〕을 금기하여 삼가 문을 닫고 수도하시니, 주문을 읽고 서원을 세워 공덕을 이루시고, 선약을 드시고 신선이 되셨으며, 괘卦를 그어 미래의 일을 아시고, 천지조화의 비밀을 깨쳐 신명을 부리셨다〔執象運神〕."(『삼성기』)

우리는 이 글의 맨 앞에서 수운 최제우가 하늘의 부름을 받아 신교의 도맥을 계승했다고 밝혔다. 앞에서 신교는 무엇보다도 하느님을 섬기는 가운데 성숙한 인간이 되는 것, 다시 말해 시천주와 선으로 요약된다. 그리고 그 천주는 군사부일체로서의 하느님이며 선은 유불선을 포함하는 것으로서의 선이었다. 또한 신교에서 영부와 주문이 신과 소통하는 매개의 역할을 했음을 기억해야 한다. 수운이 얼마만큼 신교를 계승했는지 하는 것은 신교의 요체들이 그에게서 발견될 수 있는 정도에 달려 있을 것이다.

십여년전 백제고분군에서 발견된 백제금동대향로. 용봉의 조화로써 펼쳐지는 선의 세계가 표현된 이 제기祭器에서 용봉문화의 전승을 확인할 수 있다.

Chapter 2

수운,
신교의 도맥을 잇다

-두 번째 물음-

우리는 하나의 미스터리를 제시하는 것으로써 이 장의 논의를 시작할까 한다.

을묘(1855)년 3월 울산 유곡동에 있는 여시바위골. 야산에 둘러싸인 아늑한 작은 골짜기다. 한 해 전에 10년간의 장삿길을 그만두며 구도를 결심했던 수운은 경주 용담을 거쳐 이곳에 옮겨 와 살고 있었다. 그 때 그의 나이 32세였다. 봄철의 노곤함으로 낮잠을 자고 있던 수운의 꿈결에 한 선사가 그를 찾아온다. 수운이 나아가 맞이하니, 금강산 유점사에서 온 중이라고 자신을 밝힌다.

유점사라면 장안사와 함께 금강산의 2대 사찰. 경내가 느릅나무가 많아 유점사로 이름 지었다고 한다. 신라 중기 남해왕 때 인도로부터 53불의 도래로 창건되었다고 전한다. 6, 25때 소실돼 지금은 동종과 화강석 9층탑만 남아 있다. 특기할 것은 창건설화다. 남해왕 원년에 건립됐으니 불교는 알려진 것(372년 고구려 소수림왕)보다 훨씬 먼저 남방의 바닷길을 통해 들어온 셈이다. 그리고 절을 지을 때 아홉 마리 용의 방해를 받았다고 한다. 이는 창건 당시 토착신앙과의 적잖은 갈등을 겪었다는 것을 말해준다. 불교 이전의 토착신앙은 어떤 형태로든 신교에 속한다고 봐야 할 것이다.

새로 유입된 불교에 의해 내몰린 용들이 옮겨간 곳은 구룡연이 되었다.

유점사의 선사는 수운을 찾은 사정을 이렇게 말한다. "백일 기도 끝에 책 한 권을 얻게 됐는데 세상에 보지 못한 희귀한 책이었습니다. 박식한 사람은 있었으나 어디에서도 아는 사람을 만나지 못했습니다. 혹 생원께서 알까 해서 오게 됐습니다."라고 말한다. 펼쳐보니 유도, 불도의 책이었지만 문리에 들어맞지 않아 이해하기 어려웠다. 그렇지만 책을 두고 간지 3일후 중이 다시 찾아왔을 때는 수운은 깨닫는 바가 있었다. 중은 기뻐하며 수운에게 책을 넘기며 홀연히 사라진다. 수운이 그 뒤에 깊이 이치를 살펴보니 책 속에 기도에 관한 가르침이 들어 있었다.

'을묘천서'라고도 불리는 이 책은 수운의 구도 여정에 결정적인 전환을 가져온다. 수운은 그때까지의 사색 중심의 구도 방법을 버리고 하느님에게 기도하는 종교적 수행방법을 받아들이기로 하였다.(표영삼, 『동학』 1, 71쪽)

수운의 구도를 하느님을 향한 기도 중심으로 바꾼, 그리하여 몇 년 후 수운과 하느님의 만남을 예비하도록 만든 이 책은 과연 무슨 책일까? 『도원기서』의 관련 기사를 요약한 앞의 내용에서 손에 쥘 수 있는 단서라고는 유, 불의 책이로되 문리에 들어맞지 않았으며 하느님에 대한 기도의 가르침이 들어있었다는 두 가지 사실 정도다. 우리는 이 장을 끝맺는 자리에서 이 문제에 대한 해결을 시도하려고 한다.

1) 상제와 수운의 약속

다시 몇 년 후인 경신(1860)년 4월, 조카의 생일잔치에 참석한 수운은 상을 물린 뒤, 갑자기 정신이 혼미해진다. 간신히 집에 돌아왔지만, 천지가 아득하고 정신 수습 못하기는 마찬가지다. 문득 하늘로부터 말씀을 듣는 것은 이때였다.

> "두려워 하지 말고 두려워 하지 말라. 세상 사람이 나를 상제라 이르거늘 너는 상제를 알지 못하느냐."(「포덕문」)

상제와 수운의 천상문답은 계속 이어진다.

> "그 까닭을 물으니 대답하시기를 '내 또한 공이 없으므로 너를 세상에 내어 사람에게 이 법을 가르치게 하니 의심하지 말고 의심하지 말라.' 묻기를 '그러면 서도로써 사람을 가르치리이까.' 대답하시기를 '그렇지 아니하다. 나에게 영부 있으니 그 이름은 선약이요 그 형상은 태극이요 또 형상은 궁궁이니, 나의 영부를 받아 사람을 질병에서 건지고 나의 주문을 받아 사람을 가르쳐서 나를 위하게 하면 너도 또한 장생하여 덕을 천하에 펴리라."(「포덕문」)

상제와 친히 만나 이뤄진, 이 문답에는 수운의 도가 상제에게서 연원한다는 사실이 수운 자신의 입을 통해 증언되고 있다. 특히 "너를 세상에 내어 사람에게 이 법을 가르치게 하니"라고 하여 수운이 상제의 명을 받아 인류를 교화하기 위해 이 세상에 나왔다는 점이 드러나고 있다. 수운의 동학은 곧 신교로써 이뤄진 것. 그래서 수운은 자신의 도를 하늘로부터 받은 것, 즉 "천도天道"(「논학문」)라 일렀다.

또 그 상제란 "내 또한 공이 없으므로", "나에게 영부 있으니", "나의 영부를 받아… 나의 주문을… 나를 위하게 하면… " 등 스스로를 1인칭 대명사 '나'로 부르며 수운과 대화하는 인격신이란 사실이 명확히 나타나 있다.

그렇다면 그 인격신 상제가 수운을 통해 성취하고자 한 가르침의 궁극, 곧 동학의 이상은 무엇이었을까? 우선 수운으로 하여금 사람을 교화토록 한다. 무엇을 가르치라고 하는 것인가? '이 법'을 가르치게 한다. 그 법이란? 영부로써 사람을 질병에서 건지고 주문으로써 상제를 위하도록 하는 것이다.

그랬을 때 수운 역시 장생하여 덕을 천하에 펴리라고 한다. 이에 따라 상제와 수운 사이에 이뤄진 천명의 수수[주고 받음]는 하느님의 '언약'이거나 혹은 일종의 '쌍무적 계약 맺음' 같은 것으로 볼 수 있다. '네가 나를 위해 혹은 나를 대신해 이러저러히다면 나는 너에게 무엇을 약속할 것이다.'

여기서 사람을 질병에서 건진다는 것은 무병장수토록 한다는 것이다. 그리고 무병장생은 선의 핵심이다.[50] 그렇다면 상제가 내린 법 혹은 그의 '언약'은 시천주와 선, 풀어 말하면 시천주로써 인간 이상인 선에 이르게 하는 것이다. 경천애인 혹은 홍익인간이 그의 법인 셈이다.

이로써 하늘로부터 받은 수운의 도에서 핵심을 이루는 것은 선이라고 잠정적으로 규정할 수 있다. 그리고 그 만큼 수운은 신교의 도맥에 속한다고 볼 수 있다. 그러나 보다 구체적인 확증이 필요하다. 앞에서 신교에서는 일신강충 성통광명… 이란 선의 길이 제시되고 있음을 밝혔다. 수운에게서도 이와 관련된 구체적 설명을 발견할 수 있을까? 우리는 그가 내려 받은 주문을 통해 그 가능성을 따져 묻는다.

2) 상제와 지기[51]

앞에서 하늘의 상제가 수운에게 내린 법이 시천주와 선, 다시 말해 선을 통한 시천주와 시천주를 통한 선이라고 밝혔다. 그리고 수운이 하늘의 가르침을 받아 적은 주문이 시천주주呪다. 그런 만큼 그 주문에는 시천주와 선의 메시지가 담겨 있어야 한

---

50 『설문해자說文解子』에는 "仙, 長, 生仙去也"로 돼 있으며, 『석명釋名』에는 "老而不死者曰仙"이라고 밝혔다

51 이 절과 다음 절 시천주는 선약仙藥은 황경선, 「수운水雲 최제우崔齊愚에서 선仙의 문제」를 바탕으로 쓰였음을 밝혀둔다.

다. 그것은 마땅히 하늘을 섬기고 선에 이르게 해달라고 비는 글이어야 한다. 과연 그런가? 주문에 대한 수운 자신의 풀이를 통해 알아본다.

시천주 주문은 강령 주문인 "지기금지원위대강"과 본 주문인 "시천주 조화정 영세불망만사지"로 구성돼 있다. 이 주문의 뜻은 해석자마다 조금씩 엇갈리지만, 대략 '지극한 기운이 이제 크게 내리기를 빕니다. 천주를 모시며 조화를 정하고 만사를 알게 되는 큰 은혜를 영세토록 잊지 못합니다.'라는 뜻으로 이해하면 크게 틀림이 없을 듯 하다. 강령주에 대한 풀이로부터 논의를 시작해 보자.

수운은 기를 "모양이 있는 것 같으나 형상하기 어렵고 들리는 듯 하나 보기는"(「논학문」) 어렵다고 말한다. 이는 기란 눈앞의 유형의 사물들과는 다른 방식으로 있다는 것을 의미한다. 지각 가능성이 곧 존재의 의미라면 기는 오히려 없는 것이다. 아니면 '없이 있다'고 말해야 하는 것이다. 기는 곧 허虛한 것이다. 그런데 허하지만 혹은 허한 까닭에 만사와 만물을 관통하며 온갖 변화를 짓는 근본 힘으로 작용한다. 그러기에 기는 또한 신령〔靈〕하다. 텅 빈 기는 산, 흙, 물, 별, 사람… 등 모든 것의 본성을 이룬다. 기는 곧 "허령이 창창하여 일에 간섭하지 아니함이 없고 일에 명령하지 아니함이"(「논학문」) 없는 것이다. 한 마디로 그것은 바람처럼 모든 것, 모든 곳의 생명을 채우며 온갖 조화를 짓는 신령한 것이다.

여기서 지기至氣에 대한 수운의 또 다른 설명을 놓쳐서는 안 된다. 수운은 지기를 일러 "이것은 또한 혼원한 한 기운"이라고 밝힌다. 혼원한 한 기운이라, 그것은 우주 시원에 만물화생의 본원을 이루고 있는 음양미분 혹은 음양혼돈의 원초적 생명 기운을 말할 것이다. 그런 즉 수운은 지기란 사실은 우주의 본래의 혼원한, 한 뿌리의 기운이라고 말하고 있는 셈이다. 다시 말해 금지의 때에 크게 내리는 지기는 새로운 기운이로되 가장 오랜 것이며 시원의 생명 기운과 한 기운이로되 전혀 새롭다는 것이다. 그것은 본연의 참됨을 되찾은 것으로서 천지와 인간 삶을 혁신하는 새 기운으로 규정할 수 있을 것이다. 이에 대해 다시 논의할 기회가 있을 것이다.

나아가 천지에 창창한 기란 무형의 조화기운으로 그 본성상 신이다. 이를 두고 기는 신이 밖으로 드러난 것〔外化〕으로 말할 수 있고, 신이 기를 탄다고도 표현할 수 있겠다. 한 동일한 것이 그 내밀한 본성에서 보면 신이고, 밖에서 보면 기란 것이다. 요컨대 "천지역시 귀신이오 귀신역시" 음양의 기란 것이다.[52]

52 수운에 이어 동학을 이끈 해월 최시형(1827~1898)은 그 사정을 이렇게 밝힌다. "…합하여 말하면 귀신, 기운, 조화가 도시 한 기운이요, 나누어 말하면 귀신은 형상하기도 어렵고 헤아리기도 어려운 것이요, 기운은 굳세고 건실하여 쉬지 않는 것이요, 조화는 현묘하여 함이 없이 되는 것이니, 그 근본을 상고하면

경주 용담정 입구의 최수운 대신사 동상

경주 용담정. 1859년 다시 고향 경주에 돌아온 최수운은 불출산외 不出山外, 도를 얻지 않으면 다시 세상에 나가지 않겠다는 굳은 결의로 수련에 임한다.

경주시 현곡면 가정리에 있는 수운 대신사 유허지.

우리는 앞 장에서 천지만물의 본성이 삼신을 다루는 자리에서 『태백일사』의 한 설명을 인용하면서 그와 유사한 주장이 수운에게서 발견된다고 밝힌 바 있다. 그것을 다시 상기할 때다.

> "대저 살아 있는 것들의 본체는 이 한 뿌리의 기운이요 한 뿌리의 기운이란 안으로 삼신이 있음이요 슬기의 근원 또한 삼신에 있음이요 삼신이라 함은 밖으로 한 뿌리의 기운을 감싸고 있음이다."(『태백일사』「소도경전본훈」)

슬기의 근원이 삼신에 있다는 말을 모든 일에 명하지 아니함이 없는, 삼신의 이법적 측면을 가리키는 것으로 듣는다면, 이 설명은 지기에 대한 수운의 설명을 방불케 하는 것이다. 아니 수운의 그것이 저 상고시대의 기록을 방불케 한다고 해야 하나?

'금지今至'에 대해서는 사실 우리가 위에서 미리 설명한 셈이다. 금지는 지기가 크게 내리는 때로 이해된다. "천운天運이 둘렀으니"(「몽중노소문답가」) 지기가 크게 내리는 천지운수를 맞이한 지금이란 뜻이다. 수운은 금지를 "도에 들어 처음으로 지기에 접합을 안다는 것"이라고 말하고 있다. 다만 덧붙인다면 그 금지는 엄정한 우주 질서에 따라 객관적으로 다가오는 시간인 동시에 지기의 대강을 비는 '내'가 주관적으로 맞이하는 시간, 다시 말해 '내 마음의 금지'가 될 수도 있을 것이다.

한 기운뿐이니라."(「천지리기」)

'원위대강'은 말 그대로 새롭게 크게 내린 지기에 화하는 것을 바라고 비는 것이다.

이로부터 강령주는 이렇게 풀이된다. 이제 새로운 생명의 기운이 크게 내려 그에 화하기를 바라고 빕니다. 다음으로 본주문의 뜻을 헤아려 보도록 하자.

가장 먼저 나오는 것은 주문의 핵심이자 동학의 요체라 할 '시侍'다. 시에 대해 수운은 내유신령 외유기화, "안에 신령이 있고 밖에 기화가 있어서 온 세상 사람이 각각 알아서 옮기지 않는 것[內有神靈 外有氣化 一世之人 各知不移者]"(「논학문」)이라고 밝힌다.

사람 인人 변에 절 사寺로 된 시侍는 '~을 극진한 마음으로 모시고 섬긴다'는 말이다. 여기서 시는 무엇을 모시는 것일까? 당연히 천주다. 수운은 천주를 향한 모시는 것이 어떤 것인지, 천주를 어떻게 모셔야 바른 것인지 밝히려고 한다. "안에 신령이 있고 밖에 기화가 있어서"란 설명이 그것이다. 그런데 이에 대한 해석이 문제다. 이를 놓고 다양한 의견이 제시되고 있는 형편이다.

그렇지만 우리는 그것이 무엇인지 이미 앞에서 밝혔다. 수운의 지기를 안으로 신령하고 밖으로 기화하는 것으로 받아들였던 것이다. 물론 우리의 해석은 다른 다양한 해석들과 비교되고 검토돼야 마땅하다. 그리고 온 세상 사람이 각각 알아서 옮기지 않는 것은 모든 사람이 안으로 신령하고 밖으로 기화하는 것을 향해 자각적으로 끊임없이 마음을 모으는 것, 거기서 벗어나지 않는 것이다.

그런 즉 수운이 밝히는 시, 즉 천주를 모시는 시란 이런 사태다. 안으로 신령하고 밖으로 화하는 천지의 조화기운인 지기에 온 세상 사람이 화하여 거기서 벗어나지 않는 것을 의식적으로, 스스로 결의하여 실행하는 일이다.

이 섬김과 모앙慕仰의 장場에 천주가 임하는 것이다. 천지의 온갖 조화를 짓는 신령한 기운과 하나를 이루고자 하는 극진한 마음이 천주를 참되게 모시는 자리인 것이다.

한편 내유신령, 외유기화, 각지불이로 전개되는 시에서 신교문화에 특징적인 3수 원리를 보기도 한다. 기의 내밀한 본성으로서 만유의 바탕이 되는 신령한 것은 하늘적인 것이며 그것이 밖으로 기화한 기는 산천과 함께하며 모든 변화를 이끄는 힘으로서 땅적인 것이다. 그리고 둘 사이에서 둘의 조화를 견지하는 각지불이는 사람적인 것이다.[53]

수운은 그 세 가지의 사태가 하나를 이루는〔一卽三 三卽一〕 가운데, 다시 말해 천지 생명인 지기로 마음을 모으고 그것을 지키는 가운데 비로소 천주를 올바로 대할 수 있다고 말한다.

---

53 최민자, 『천부경, 삼일신고, 참전계경』, 48~49쪽 ; 이정배, 「天符經을 통해서 본 東學과 多夕의 기독교 이해」, 167~216쪽 참조. 그러나 세 가지 것의 의미 그리고 천지인 삼재와 연관되는 방식에 대한 설명은 우리의 이해와 똑같지 않다.

그 천주는 어떤 신인가?

천주에 대한 설명이 이어진다. 그런데 특기하게도 수운은 '천주'에서 천을 따로 언급하지 않고 주에 대해 설명한다. 그런 침묵이 어떤 의미를 갖는 것인지 분명치 않다. 다만 하느님에 대해 숭배하면서도 함부로 얘기하는 것을 삼가는 태도에 기인할 것이란 설명에 어느 정도 공감한다. 그렇지만 주에 대한 설명은 수운이 천주를 지성한 공경으로 섬겨야 할 인격적 존재로 여기고 있음을 보여준다. "주라는 것은 존칭해서 부모와 같이 더불어 같이 섬긴다는 것이요"(「논학문」) 예컨대 그것[It]이라고 부를, 어떤 비인격적 대상을 부모처럼 섬길 수는 없지 않는가? 해월은 수운의 그런 풀이를 옛 성인이 밝히지 못한 것으로서 스승 수운이 비로소 창명한 큰 도라고(「천지부모」) 말했다.

심지어 천주는 아버지로 표현되기도 한다.

> "'너는 나의 아들이다. 나를 아버지라 부르도록 해라.' 선생께서 공경스럽게 가르침을 받아 아버지라 불렀다… 선생께서 대답하기를, '상제의 아들로서 어찌 백의의 재상이 되겠습니까?' 하였다. 상제 말씀하시기를, '그렇지 않으면, 나의 조화造化를 받아라. 이제 나의 조화를 보도록 하라.' 하였다."[54]

54 윤석산, 『초기동학의 역사 道源記書』, 35~37쪽.

이로써 시천주에서 시는 비인격적 실재인 지기와 인격적 실재인 천주가 조화를 이루는 마음자리로서 드러나고 있다. 만약 그렇지 않고 시가 오직 인격적 하나님 천주와 단독적으로 만나는 신비하고 실존적인 장소일 뿐이라면, 그것은 서학과 대동소이해진다. 이것은 수운의 의도에서 벗어나는 것이다.

반면 수운 이후 동학이 그 길을 걸었듯이, 지기를 한울님이라고 부르면서 시를 지기와 접하는 통로로만 받아들일 수 있다. 이 경우 동학은 더 이상 인격신을 모시는 종교가 아니다. 그리고 종교라면 비인칭대명사 '그것(It)'이라고 불려야 할 우주 신성을 섬기고 있다고 주장하는 종교다. 그들은 비인격적인 '그것'에게 거룩한 제사를 드리고 내밀한 참회와 간구의 기도를 올려야 할 것이다.

아니면 한울님인 지기를 내 안에 모심으로서 인간 또한 한울님이라고 주장하며, 인간을 신앙과 숭배의 대상으로 삼는 종교다. 이 때는 한울님이 사람의 수효만큼 있게 될 것이다. 이 또한 수운의 뜻을 저버린 것이다. 증산 상제는 이렇게 말한다. 사람은 사람이고 천은 천이라고.

> "천天은 천이요 인人은 인이니 인내천人乃天이 아니니라. 또 손병희가 '아이를 때리는 것(打兒)'을 '하늘을 때리는 것(打天)'이라고 이르나 아이를 때리는 것은 아이를 때리는 것이

요 감히 하늘을 때린다고 할 수 없느니라."(『도전』 5:233:8~9)

수운의 주문풀이에 나타난 그의 가르침에 주목할 때 그는 시를 지기와 천주 모두를 향하는 것으로써, 다시 말해 지기에 화하는 가운데 천주를 모심으로써 그 둘의 조화가 일어나는 중심으로 견지하고 있다. 그러기에 수운의 동학은 유일신론이나 범신론 중 어느 하나에 편향되게 자신을 가두지 않는다. 오히려 두 입장을 아우르는 포월적 성격을 갖는다. 다시 말해 "인격적 실재와 비인격적 실재를 조화시키는"[55] 신교문화의 비법을 유산으로 가지고 있는 것이다.[56]

그렇다면 시의 마음을 얻으면, 무슨 일이 벌어지는가? 조화정 만사지造化定 萬事知다. 이에 대해 다루는 논의에서 수운의 가르침이 선을 주장한다는 점이 확연히 밝혀질 것이다. 다시 이에 대한 수운의 설명을 들어 본다.

55 노태구, 「동학의 무극대도와 통일」, 377쪽.

56 한편 인격적 실재와 비인격적 실재가 조화된 "이중적 양면성"을 한국 선의 특징으로 이해하면서 다음과 같이 주장하기도 한다. "도교는 고구려 망국의 원인이 되었으며, 기독교의 전래 이후 20년이 못되어 나라를 일본에 빼앗기고 말았다. 그 이유를 우리는 이 두 종교가 한국 선맥이 지닌 이중적 양면성을 파괴했기 때문이라고 할 수 있다." 노태구, 「동학의 무극대도와 통일」, 376쪽. 두 기존 종교에 대한 이런 평가가 얼마나 공정한 것인지 논란이 될 수 있겠지만, 두고두고 곱씹을 만한 문제제기가 아닐 수 없다.

3) 시천주는 선약仙藥

수운의 풀이에 따르면 '조화정'의 '조화造化'란 "무위이화無爲而化", 함이 없는 함이며 다스림 없는 다스림이다. 그리고 '정定'은 "그 덕에 합하고 그 마음을 정한다는〔合其德 定其心〕 것"이다.

뒤의 '정定'자에 대한 설명부터 살펴보기로 하자. 그 덕에 합하고 그 마음에 정한다는데, 이 때의 덕과 마음이란? 수운의 앞선 설명에서 덕과 마음을 지닌 주체가 될 만한 것으로는 '안으로 신령하고 밖으로 기화하는 것'이다. 물론 '주'도 고려할 수 있지만, 여기서는 명사나 대명사로 쓰이지 않고 섬김의 지극함을 표현하는 것으로 보인다. 이로써 우리는 그 덕과 그 마음을 각각 만물을 낳고 기르고 거두는, 저 천지 한 기운의 덕과 마음으로 새긴다. 또 덕이란 마음의 드러남이나 마음의 씀이니, '그 마음'은 천지 생명인 신령한 기운 자체를 의미하는 것으로 볼 수도 있다. 그렇지만 천주와 지기는 이위일체니, 덕과 마음의 주체를 꼭 양단간의 하나로 못 박을 일은 아니다. 그리고 그 천지 기운에 합하고 정한다는 것은 지극한 정성으로 마음을 모아 받들고 지킴으로써 하나로 화하고자 하는 집중〔유일집중〕이 될 것이다.

이렇게 볼 때 조화정이란 그 천지의 신령한 기운의 덕에 합

하고 그리로 마음을 모아 무궁한 조화를 짓는 것을 의미하게 된다.[57]

"합기덕 알았으니 무위이화 알지마는"(「흥비가」)

즉 허령한 마음이 혼원한 기운에 화하면 무위이화의 조화가 일어난다는 것이다.

'안으로 신령하고 밖으로 기화하는 것'은 이치에 따라 천변만화를 짓는 우주 변화의 근본 힘이다. 그것은 간섭하지 않음이 없고 명하지 않음이 없다. 이제 이 현묘불측한 공능을 가진 신령한 기운과 하나가 되고 그것을 용사함으로써 함이 없이 천지조화를 짓게 되는 것이다. 즉 시에서 얻어지는 조화정의 조화, 무위이화의 조화는 신통조화며 신인합발의 조화다. 다음은 조화가 신령한 기운의 소산임을 보여주는 예다.

수운이 해월에게 도통道統을 전수할 때의 일이다. 수운은 해월로 하여금 기화 상태에 들게 하여 움직이지 못하게 한다. 해월은 입에서 말이 안 나오고 사지를 꼼짝할 수 없었다. 힘으로써

57 다음의 견해도 '정'의 대상에 대해 동일한 입장을 피력하고 있다. "즉 '무위이화'의 덕과 그 기운과 하나가 되는 것이 '조화정'이다. 다시 말해서 우주만물의 생성·변화·소멸이 모두 한울의 조화의 작용-음양오행의 우주적 기운의 응결에 의해 만물이 화생하나 궁극에는 그 근원으로 되돌아가는-으로 이러한 우주의 조화 기운과 하나가 되는 것을 말한다." 최민자, 『동학사상과 신문명』, 41/42쪽.

제압하거나 무슨 도구로 결박한 것도 아닌데 말이다. 그리고 수운은 그 조화의 까닭을 이렇게 설명한다.

> "내의 마음이 곧 네 마음이며 내의 기운이 곧 네의 기운인지라 내 마음 먹는 바 그대에게 미침이니, 이는 곧 천지만물이 유일의 지기로서 화생한 증거이니라."[58]

그의 말인즉 천지의 신령한, 한 기운과 하나 되어 그것을 뜻대로 부릴 수 있다면 조화가 무궁할 수 있다는 것이다. 수운은 또 이렇게 밝힌다.

> "… 거의 한 해 동안 수련을 하고 연마를 하니 스스로 그렇게 되지 않은 것이 없었다."[59]

한편 이 조화에는 만사에 통달하는 지혜를 얻는 만사지萬事知가 포함된다. 수운은 만사지를 설명하기를, "'만사'라는 것은 수가 많은 것이요 '지'라는 것은 그 도를 알아서 그 지혜를 받는

58 이돈화, 『천도교창건사』, 45쪽 이하.

59 윤석산, 『초기동학의 역사 道源記書』, 28쪽. 기록상에 나타난 수운의 조화이적 사례는 치병의 경우를 제외하면, 위의 예를 포함하여 많지 않은 편이다. 비 속에서 젖지 않았고 곧 무너질 방축 앞에서 말이 꼼짝 않는 바람에 위기를 모면했으며 한 장이 넘는 깊은 물 속을 말을 몰아 뛰어넘었고 길을 가는데 서쪽 하늘에 상서로운 기운이 뻗쳐 있었다는 등. 이는 수운이 하늘의 부름을 받아 도를 편 기간, 말하자면 그의 '공생애'가 4년이 채 안 되는 짧은 세월이었음을 감안해도 그렇다. 이로 볼 때 수운은 완전한 조화의 도통을 성취했다기보다 시천주하면 혹은 시천주라야 조화를 지을 수 있음을 선구적으로 보여준 전범으로 이해해야 옳을 것이다.

것"이라고 한다. "그 도"가 만사지의 관건이 되고 있다. 도란 일반적으로 도리나 규범, 즉 이理와 같은 것이면서 기의 운행을 가리키는 것으로 이해된다. 여기서 "그 도"는 모든 것을 하나로 꿰뚫으며 이끄는 천지 기운과 그것이 지닌 변화의 뭇 이치로 새긴다. 저 신령한 지기와의 소통은 신성의 밝음 속에 만물과 만사의 그러함에 대해 무궁한 지혜를 얻는 만사지의 도통을 함께 열어준다.

결국 수운의 '조화정 만사지'란 다음과 같은 것임을 알 수 있다. 그것은 천지의 신령한 기운과의 합일 속에서 천주를 모시고, 즉 시천주 가운데 하늘, 땅, 인간 삼계의 무궁한 이치를 깨닫고 신통변화와 천지조화를 지어내는 것이다. "만사지와 조화법을 함께 용사하는 궁극의 도통"[60]을 지향하는 것이다.

그렇지만 이때 시의 마음이란 우리가 전혀 새롭게 얻어야 하는 것이 아니다. 사실은 우리들 각자에게 품부된 본연의 것이다. 그것은 우리에게 씨앗으로 주어진, "자기됨"(「기타」)이며 "사람된 근본"(「강론경의」)이다. 그것은 언제고 열매로 성숙해야 할 것이다.

그렇지만 사람들은 대개 그 본연의 마음자리에서 벗어나 있다. 특히 수운의 눈에는 그같은 비본래성이 그의 당대에 극심한

60 안경전, 『개벽 실제상황』, 497쪽.

것으로 비친다. “군불군君不君 신불신臣不臣 부불부父不父 자부자子不子”(「몽중노소문답가」)로 임금도 신하도 아비도 자식도, 모든 게 제 자리에서 옮겨져 있다. 사소한 분별과 이해에 우왕좌왕하며 “각자위심各自爲心”(「포덕문」)에 분주할 뿐이다. “기운이 바르지 못하고 마음이 옮기므로 천지와 더불어 그 명에 어기는(「논학문」) 그릇된 길에 빠져 있는 것이다. 따라서 시의 마음은 각자가 그 같은 비본래적인 처지에서 돌아서 새롭게 향하고 벗어나지 말아야 할 것이다. 이에 따라 각지불이에서 불이〔옮기지 않는 것〕의 의미는 더욱 선명해진다. 불이는, 신교 문화의 수행이 그랬던 것처럼, 그릇된 길에서 되돌아서 참됨을 붙잡는 자각적 실천으로서 전개된다.

수운에 있어 이것은 구체적으로 수심정기修心正氣, 즉 순정한 마음을 모아 지키고 기운을 바르게 하는 노력과 정성으로 수행된다.[61] 다시 말해 신령한 기운을 향해 끊임없이 마음을 모아 그것을 받들며 지키는〔誠敬信〕 노력으로서 불이가 수행되는 것이다. 이를 통해 창조의 이상으로 인간에게 심어진, 본연의 마음인 시의 마음을 새롭게 되찾게 되리란 것이 수운의 생각이다. 이는 ‘일신강충 성통광명’에 대한 수운의 해석이기도 하다.

때문에 시의 바탕 위에서 조화정 만사지하는 경계에 이르러

61 수운은 인의예지는 옛 성인이 가르친 바지만 수심정기는 자신이 다시 정한 것이라고 밝힌다.(「수덕문」)

인간은 인간이 아닌 다른 무엇으로 변화하는 것이 아니다. 비로소 제 본성을 찾아 제 자신이 된다. 씨앗이 이윽고 열매가 되는 것이다. 그리고 제 본성이란 천지생명인 신령한 기운에서 비롯한다. 그러기에 그것은 신성을 회복하는 것이며 근본을 찾아, 유래를 향해서 새롭게 되돌아가는 것이다. 바로 그러한 도통의 경지에 이르렀을 때, 인간 완성, 인간 성숙이 일어나는 것이다. 수운이 말하는 '지상신선', '성인', '군자', '무궁한 나'는 바로 그런 이상적 인간, 열매인간을 일컫는 것으로 받아들여야 한다.

이 새로운 인간 성숙의 경계에는 환골탈태換骨奪胎하여 선풍도골仙風道骨이 되고 무병장수하는 몸의 거듭남, 몸의 개벽이 전제됨은 물론이다.

> "아름답도다, 우리 도의 행함이여…용모가 환태된 것은 마치 선풍仙風이 불어온 듯하고, 오랜 병이 저절로 낫는 것은 편작의 어진 이름도 잊어버릴만 하더라."(「수덕문」)

사실 수운이 천주와 접하는 최초의 시천주 이래 가장 먼저 겪은 놀라운 체험은 몸의 변화다.

수운은 상제님의 가르침대로 직접 부를 다시 그려 불에 사르고 그 재를 냉수에 타서 마셨다. 그러기를 칠팔 삭 지내니 정말로 병이 낫고 가는 몸이 굵어지고 검은 낯이 희어졌다. 수운은 감격하여 이렇게 말한다.

"어화세상 사람들아 선풍도골 내아닌가 좋을시고 좋을시고 이내신명 좋을시고 불로불사 하단말가."(「안심가」)

수운은 무병장생과 천지조화의 새로운 인간 삶인 선仙을 지향하며 자신의 시천주 풀이를 다음과 같이 매듭짓는다. "그러므로 그 덕을 밝고 밝게 하여 늘 생각하여 잊지 아니하면 지극히 지기에 화하여 지극한 성인에 이르느니라〔至化至氣 至於至聖〕."

이와 함께 수운에게서 선에 이르는 선약은 신령한 기운과 하나를 이루며 천주를 섬기고, 새 몸으로 거듭나 천지조화를 짓는 시천주나 시로 드러난다. 수운은 이렇게 말한다.

"가슴에 불사약을 지녔으니 그 형상은 궁을이요, 입으로 장생하는 주문을 외우니 그 글자는 스물한자라."(「수덕문」)

'가슴 속 불사약'은 상제에 의해 직접 언급됐던 "선약仙藥"이나 "삼신산 불사약"(「안심가」)의 다른 표현일 터다. 수운은 천지조화와 불로장생의 새 생명, 요컨대 선仙으로 인도하는 약이 유형의 그것이 아니라 가슴 속 마음이라고 밝히는 것이다. 물론 그것은 이런저런 일상의 마음이 아니라 천주를 향한 지극한 마음이요 성경신의 마음일 것이다.

그리고 수운에게서 그 마음은 단순히 소리도 없고 냄새도 없는 무형의 의식경계와 같은 것으로 혼동돼서는 안된다. 천지기운과 하나 되고 그 천지성령과 소통하며 상제를 맞이하는 그것은 영성이나 영체〔Spirit〕 개념으로 이해하는 편이 사태에 맞다. 영성은 대우주에 영향을 주는 것으로서 마음에 비해 실체적인 것이다. 물론 마음과 영성은 서로 별개의 것이 아니라 동일한 것의 두 존재방식을 가리킨다. 모든 것이 음양의 방식으로 존립하듯, 무형의 마음이 유형으로 나타난 것이 영성이다.

수운은 무병장생과 신통조화가 약속된 시천주를 손에 쥐고서 부질없이 선약을 찾던 진시황을 비웃고 한무제를 조롱한다.

> "어화세상 사람들아 선풍도골 내아닌가 좋을시고 좋을시고 이내신명 좋을시고 불로불사 하단말가… 한무제 승로반도 웃음바탕 되었더라… 진시황 한무제가 무엇없어 죽었는고 내가그때 났었다면 불사약을 손에쥐고 조롱만상 하올 것을…"
> (「안심가」)

그 마음이 새로운 생명의 약, 선약이다. 그것을 입으로 외우면 스물한 자 주문이고 형상으로 그려 내면 궁을이란 것이다.

곧 1860(경신)년 4월 5일 하늘의 상제가 수운을 불러 건네준 영부, 그 이름이 선약이며 형상이 태극이요 궁궁인 것은 근본적으로 시천주의 시, 그 마음인 셈이다. 해월은 이렇게 밝힌다.

> "궁을의 그 모양은 곧 마음 심자이니라."(「영부주문」)

"궁을은 우리 도의 대선생께서… 궁을을 부도로 그려내어 심령이 쉬지 않고 약동하는 모양을 겉으로 나타내어 시천주의 뜻을 가르치셨도다."(「기타」)[62]

주문에도, 영부에도 제 본성을 틔워 천지 생명과 하나 되는 마음자리에서 상제를 섬기고 장생과 조화의 선으로 이르도록 하는 가르침이 문자 혹은 도형의 방식으로 형상화돼 있는 것이다.

결국 수운에게는 시천주의 마음이 인간의 궁극적 이상인 천지조화와 불로장생의 선의 삶을 얻게 하는 선약이다. 다시 말해 시천주 혹은 시가 선의 밑자리인 것이다.[63]

이로써 하늘의 상제로부터 내려받은 수운 동학의 도가 궁극적으로 뜻했던 것 혹은 이루려고 했던 것은 사람들이 시천주의 영성이나 신성을 회복하여 장생과 조화의 선으로 살아가는 세상을 여는 일이었다고 할 수 있다.

"입도한 세상사람 그날부터 군자되어 무위이화 될 것이니 지

62 해월과 같이 활동하고 『동학사』를 남긴 오지영도 수운이 말하는 궁궁은 심心 자의 초서형草書形을 본뜬 것이라고 전한다. 오지영, 『동학사』 2쪽. 동학의 영부에 대해서는 이찬구, 『천부경과 동학』, 439~476쪽 참조.

63 해월은 경천敬天이 스승이 "처음 밝히신 도법"(「삼경」)이라고 한다. 한편 전봉준이 이해한 동학도 그것이다. 그는 체포되어 공초를 받는 자리에서 "그대도 동학을 아주 좋아하는가?"란 물음에 이렇게 답한다. "동학은 수심경천지도(修心敬天之道)인 고로 아주 좋아한다."(「전봉준 공초」)(재인용 이찬구, 『천부경과 동학』, 261쪽.)

상신선 네아니냐"

수운을 불러 신교의 도맥을 잇도록 천명을 내린 하느님은 여전히 인간으로 하여금 제 자신이 되도록, 인간 열매로 결실을 맺도록 하는 홍익인간의 하느님이었던 것. "내 또한 공이 없어 너를 세상에 내어 사람에게 이 법을 가르치게 하니". 그 일을 앞장서 해줄 대행자로 자신을 향해 정성으로 기도하던 수운을 내세운 것이다.

수운을 만나 천명을 내리던 때, 상제의 기대와 기쁨은 컸다.

> "내 마음이 곧 네 마음이니라."(「논학문」)
> "개벽후開闢後 오만년五萬年에 네가또한 첨이로다 나도또한 개벽이후 노이무공勞而無功 하다가서 너를만나 성공成功하니 나도성공 너도득의得意 너희집안 운수運數로다"(「용담가」)

그리고 수운에게 굳게 약속했던 것이다. 사람들로 하여금 가르쳐서 자신을 위하게 하고 무병장생의 선으로 살도록 이끈다면 수운 또한 장생하고 덕을 천하에 펼 것이라고.

상제와 수운 사이의 이 언약 혹은 계약은 얼마나 충실하게 이뤄졌던가? 수운은 얼마나 성공적으로 천명을 받들었을까? 우리는 수운의 공과 과에 대해서 살펴볼 것이다. 여기서는 특히 그의 개벽론이 논의의 중심이 될 것이다. 그에 앞서 신교의 또 다른 특성들이 수운에게서 어느 정도 발견되는지 간략히 짚어보기로 하자.

용담정 입구에 있는
최수운 대신사 동상에 있는 영부.

4) 다른 특성들

'유불선 삼교 포함', '아버지 하느님 혹은 군사부일체의 하느님', '영부와 주문' 등이 신교의 기틀을 이루는 또 다른 요소들로 제시됐다. 차례대로 그 유산들이 수운에게 얼마나 간직돼 있는지 알아보자. 그렇지만 앞서 밝힌 대로 우리의 주 관심사는 신교의 중핵을 이루는 선에 있는 만큼 이에 대한 논의는 소략의 형식을 벗어나기 힘들다.

유불신에 대한 수운의 언급은 양면적이다. 일면 부정하면서 일면 긍정한다. 수운은 자신의 도가 공자의 도와 대동소이하다고(「수덕문」) 여기는 한편 "유도불도 누천년에 운이역시 다했던가"(「교훈가」)라고 말한다. 또 인의예지는 옛 성인이 가르친 바지만 수심정기는 자신이 다시 정한 것이라고(「수덕문」) 밝히기도 한다. 유교의 중요한 덕목인, 부모에 대한 효를 받아들이되, 천주를 부모와 같이 모셔야 한다고 함으로써 그것을 조물자 하나님에까지 확장시킨다. 육신의 부모만이 아니라 천지부모에게 효를 다해야 한다는 것이다. 이밖에도 여러 곳에 산재하는 그의 이중적 태도가 어디에서 기인하는지 다음과 같은 말에서 이해를 구할 수 있다.

> "송월당松月堂이란 노승이 '선생은 불도佛道를 연구하느냐?' 한 데 대해 최수운은 '나는 불도를 좋아하지요' 했다. 이어 '유도를 좋아하십니까?'라는 물음에 수운은 '나는 유도를 좋아하나, 유생은 아니오'라고 했다. 세 번째로 '그러면 선도仙道를 좋아하십니까?'라는 물음에도 수운은 '선도는 하지 않으나 좋아하지요'라고 했다. 노승은 수운이 승려도 유생도 선도도 아니라면 그 무엇이란 말인지 종잡을 수 없었다. 이에 수운은 '유도, 불도, 선도 아니고 그 전체의 원리를 사랑한다'고 했다."[64]

같은 책에 보다 적극적인 내용이 실려 있다.

64 이돈화 편, 『천도교창건사』, 제1편, 33~34쪽,

"내 도는 원래 유도 아니며 불도 아니며 선도 아니니라. 그러나 오도吾道는 유儒·불佛·선仙 합일合一이니라. 천도天道는 유·불·선은 아니로되 유·불·선은 천도의 한 부분이니라. 유儒의 윤리倫理 불佛의 각성覺性 선仙의 양기養氣는 사람성의 자연自然한 품부稟賦이며…"[65]

수운은 그의 도, 천도를 유불선을 '포함'하는, 다시 말해 그것들의 종지를 애초에 지니고 있는 연원으로서 그것들을 통일하는 것으로 이해하고 있음을 알 수 있다. 그래서 그의 도는 유불선의 모태란 관점에서 보면 그것들과 아주 다른 것이 아니며, 그것들을 통일하는 점을 고려하면 그것들과 같을 수 없는 것이다. 이것은 삼교를 포함하는 신교의 성격이 그의 천도에 고스란히 나타나고 있음을 밝혀준다. 특히 후자의 인용문은 나라에 현묘한 도가 있는데 삼교를 포함한다고 신교의 특성을 전한 최치원의 말을 연상시킨다. 최치원은 알다 시피 수운의 조상이 된다. 수운의 제자며 그를 이어 동학의 법통을 계승한 해월 최시형은 동학의 도를 "「유」와도 같고 「불」과도 같고 「선」과도 같으나, 실인즉 「유」도 아니요 「불」도 아니요 「선」도 아니니라. 그러므로 「만고없는 무극대도」라 이르나니"(「천도天道와 유儒·불佛·선仙」)라고 설명한다. 해월과 더불어 초기 동학교도들 또한 동학에 대해 밝히기를, 유불선 삼교를 그 장점은 취하고 단점은 버리는

65 이돈화 편, 『천도교창건사』, 제1편, 33쪽,

식으로 하나로 아우른 것이라고 한다.[66]

이와 함께 내유신령, 외유기화, 각지불이의 셋으로 전개되는 시에서 삼교포함의 특성이 발견된다. 내유신령…은 각기 천지인 삼재에 뿌리를 두는 것으로 선불유의 종지에 속한다고 풀이될 수 있다.

또 위에서 밝힌 바처럼, 수운은 천주를 천지부모로 이해한다. 나아가 『도원기서』에서는 천주를 아버지로 부르고 있다. 이것을 해월은 그의 '천지부모'에서 옛 성인이 밝히지 못한, 스승이 처음 창명한 것으로 추켜세운다. 그렇지만 적어도 그 점에 관한 해월은 수운을 다 이해하지 못했다. 신교에서 상제는 만유생명의 아버지였으며, 그것도 군사부 일체의 하느님이었다. 수운의 천지부모론은 그 신교의 가르침을 잇는 것이다. 수운에게서도 아버지 상제는 당연히 인간을 낳아 기르고 나아가 당신을 위하도록 가르쳐서 선으로 열매 맺도록 하는 조화, 교화, 치화의 신이며 군사부일체의 주재자의 성격을 갖는다.

마지막으로 영부, 주문의 문제인데, 이미 앞의 내용에서 수운의 동학 곧 천도에서 영부와 주문이 얼마나 중요한 자리를 차지하고 있는 것인지 충분히 드러났다고 본다. 여기서는 신교의 특성과 관련하여 다시 간추릴 뿐이다.

---

66 박경환, 「동학과 유학사상」, 『수운 최제우』, 194/195쪽 참조.

첫째 수운에게서 영부와 주문은 상제로부터 내려 받은 것이다. 둘째로 그것들은 선약, 곧 인간을 완전한 인간인 선에 이르게 하는 것이었다. 인간 세상을 구하고자 한 환웅이 손에 든 천부인이나 혼인하여 자식을 낳아 완전한 인간에 이르고자 웅녀가 외운 주문 또한 궁극적으로는 하늘로부터 주어진 것이었다. 그리고 거기에 새겨진 신의 뜻은 홍익인간이었다. 수운에게서 영부와 주문이 그것을 그대로 계승하고 있는 것이다.

이로써 수운의 동학에서 선을 비롯한 신교의 특징들이 다시 새롭게 나타나는 것을 살펴보았다. 어느 주제는 상세하게 다른 주제는 단편적으로 다뤘다. 이를 통해 수운이 신교의 계승자며 그의 도는 천도의 새로운 구현이란 점이 드러났다. 이제는 수운이 얼마나 성공적으로 천명을 실현했는지 따져 볼 차례다. 이를 통해 수운이 충분히 드러내지 못한 하늘의 뜻도 밝혀질 것이다. 수운이 채 펴지 못한 천도는 무엇일까?

5) 수운이 이루지 못한 것

수운이 이르고자 한 것은 하늘의 도를 펴서 시천주하고 무병장생하는 삶을 사는 선경세상을 여는 일이었다. 신교가 지향한 세상을 다시 이 땅에 여는 일이었다. 그 '포덕천하 광제창생'의 과업은 인간 삶의 방식만이 아니라 이제까지 세상을 다스린

명命을 새롭게 갈아 끼우고자 한다. 그것은 어떤 혁명보다도 크고 근본적이다. 동학을 일러 '한다'고 한다. 천명의 완수를 위해서는 시천주나 본래의 성품을 되찾는 종교적 수행과 더불어 하느님의 진리를 전하고 선의 세상을 여는 조직적, 정치적 실천이 이뤄져야 한다. 말하자면 정종일체의 행동이 전개돼야 한다. 그것이 또한 신교가 밝히는 성통공완의 정신에 부합되는 길이기도 할 것이다.

그럼에도 수운의 동학에는 그 공완의 이념이 종교적 차원을 넘어 정치적 실천의 그것으로까지는 확고히 뿌리내리지 못했던 것으로 보인다. 그에 따라 그에게는 포덕의 공업을 이룩할 주체나 조직, 강령을 찾아볼 수 없다. 선仙의 정치, 포덕의 실천이 결여돼 있는 것이다. 시천주주는 있건만, 막상 하느님의 도를 펴고 선경세계를 세워 창생을 살리는 매개의 역할을 하는 '시천주꾼'은 없는 것이다. 잘 알려졌다시피 동학의 교회 조직은 뒷날 해월 최시형에 의해 확립된다. 포-접주-도접주, 대접주의 조직과 교당, 교수 등의 직분이 생기고 교리의 출판이 이뤄진다.

이와 관련된, 더 큰 아쉬움은 다음과 같은 데 있다. 수운은 새로운 시대나 운이 도래하고 그와 함께 대격변이 임박했음을 일정하게 파악하고 있었다. 그럼에도 그는 그것의 실상이나 의미를 제대로 알리지 않았거나 그럴 수 없었다. 마치 새로운 세상으로 들어서는 문 앞에 누구보다 가까이 이르러서는 막상 그 문을 열어젖히지 못한 것이라고 해야 할까? 아니면 새 시대의 여명을 일찌감치 바라봤음에도 여전히 구 시대의 어둠 속에서 벗어나지 못한 것이라고 해야 할까? 이런 망설임에 그의 비극이 있다.

수운은 지기를 설명하면서 "이것은 또한 혼원한 한 기운"이라고 설명한 바 있다. 이는 지기를 옛 것의 새로운 반복으로 말하고 있는 것이다. 그는 곧 지기를 역사적으로 혹은 순환론적으로 이해하고 있는 것이다. 지기는 천지 만물의 본성을 이루는 것. 그래서 지기의 새로운 대발은 천지의 근본적인 변화를 의미하게 될 것이다. 그리고 그 변화는 시원의 것을 새롭게 되풀이하는, 혹은 근본으로 되돌아가는 게 될 것이다.

> "산하의 큰 운수가 다 이 도에 돌아오니 그 근원이 가장 깊고 그 이치가 심히 멀도다."(「탄도유심급」)
> "천운天運이 둘렀으니"(「몽중노소문답가」)

수운은 특히 가사에서 도래하는 또 다른 시운에 대해 긴박하고 구체적으로 밝힌다.

> "무극대도 닦아내니 오만년지 운수로다."(「용담가」)
> "시호시호 그때오면 태평성세 아닐런가"(「도수사」)

무극대도란 새로운 도와 더불어 오만년 길이 계속되는 새로운 운수가 열리고 그 때는 태평성세가 펼쳐지리란 것이다. 또 그 무극대도가 이 세상에 나는 것은 그리 먼 일이 아니다.

> "하원갑 지내거든 상원갑 호시절에 만고없는 무극대도 이세상에 날것이니 너는또한 연천年淺해서 억조창생 많은백성 태평곡 격양가를 불구에 볼것이니"(「몽중노소문답가」)

수운의 꿈 속에서 한 도사가 그에게 건넨 말이다. 여기서 "상원갑"은 수운이 죽임을 당하는 갑자(1864)년부터 시작된다.[67] 그런데 그 때로부터 나이 적은 수운이 목도할 수 있는, 그리 멀지 않은 장래에 무극대도가 이 세상에 난다고 말하고 있는 것이다. 그렇다면 그 기간은 1864~1923년이 될 터. 그 사이에 도대체 무슨 일이 일어난다는 것인가? 그 때 이 세상에 난다는 무극대도는 무엇을 말함인가? 물론 수운이 이에 대해 꼬집어서 말해주는 것은 없다. 다음에 인용되는 또 다른 말들을 통해 어림잡을 뿐이다.

> "남쪽 별이 둥글게 차고 북쪽 하수가 돌아오면 대도가 한울같이 겁회를 벗으리라."(「우음」)

이 시구는 「우음」의 한 구절이다. 「우음」은 수운이 관의 극심한 지목을 피해 전라도 남원의 교룡산성에 체류하던 1862년 3

67 「권학가」의 "하원갑 경신년(1860)"(괄호 필자)이란 표현으로 봐도 1804~1863이 하원갑, 1864~1923이 상원갑이 된다.

월에 지어진 것으로 알려져 있다. 흥미로운 것은 수운을 이어 동학을 이끈 해월과 의암이 모두 대동소이한 구절을 되풀이한다는 점이다. "남쪽 별이 둥글게 차고 겁회를 벗어나니"(「강시」)는 해월의 말이고 "남쪽 벽이 둥글게 차니 봉황이 와 거동하고, 북쪽 하수가 맑고 맑으니 대도가 겁회를 벗느니라."(「기타 시문」)는 뒤이은 의암의 말이다. 의암의 말 가운데 나오는 봉황은 일찍이 동방의 군자국에 날아온다는 새.[68]

남원 교룡산에 위치한 은적암터.
수운은 1861년 12월 관의 탄압을 피해 이곳에 들어와 약 6개월간 머물렀다.

68 『설문해자』에 이르기를 "봉황은 군자의 나라에서 나왔고 사해 밖까지 날며, 세상에 나타나면 천하가 크게 인정된다."라고 한다. 공자가 "성왕의 시대에 나타난다고 전해지는 봉황새도 날아오지도 않고…"라고 말하며 그 부재를 한탄한 것도 바로 군자와 태평의 새 봉황이다.

특히 그 글귀는 정역의 창시자 일부 김항의 말을 연상시킨다는 점에서 관심을 증폭시킨다.

> "일부가 능히 말을 함이여 밀물은 남쪽하늘에서 모이고 썰물은 북쪽에서 빠지도다. 썰물이 북쪽에서 빠짐이여 이르고 늦음을 판단하기 어렵도다."[69]

동학의 역사를 관통하며, 동학의 지도자들에 의해 운위되는 위의 구절은 수운의 득도 혹은 상제와의 친견을 계기로 이뤄지는 때의 교체를 암시하는 것으로 해석된다. 지금까지의 선천이 물러나고 새로운 후천의 운이 도래한다는 것을 상징하고 있다는 것이다.[70] 최근 북극 빙하가 녹으면서 지축의 변화가 있을 수 있다는 가능성이 일부 과학자들에 의해 제기되면서 이 주장들은 새로운 해석의 여지를 얻는다. 앞으로 위의 구절들은 호기심과 논란의 대상이 될 것이다.[71] 이와 함께 수운은 다시 개벽, 즉 후천개벽에서 무엇보다도 괴질의 대재앙을 경고한다.

> "십이제국 괴질운수 다시개벽 아닐런가 태평성세 다시정해

---

69 김정현 저, 노영균 역, 『국역 정역주의』, 50쪽.

70 윤석산 주해, 『동경대전』, 249쪽 참조.

71 화엄경과 주역의 해석에 뛰어났던 학승이자 여러 가지 예언으로 유명했던 탄허 스님은 "현재 지구의 지축은 23.5도 기울어져 있는데, 지구 속의 불기운이 북극으로 들어가서, 빙하가 완전히 풀려 녹을 때, 지구의 변화가 온다."라고 말한다. 그리고 이것은 초경 이후의 처녀처럼 지구도 성숙해지는 것을 의미한다고 밝힌다.

국태민안 할것이니"(「몽중노소문답가」)

"십이제국 괴질운수 다시개벽 아닐런가 요순성세 다시와서 국태민안 되지마는"(「안심가」)

"나도또한 한울님께 옥새보전 봉명하네 무병지란 지낸후에 살아남는 인생들은 한울님께 복록정해 수명을랑 내게비네"(「안심가」)

새로운 운수와 함께 요순시대와 같은 태평성세가 다시 열리지만, 십이제국(당시 개념으로는 전 세계와 같은 말이다)이 괴질에 휩싸이는 환란을 거쳐야 한다는 것이다. 수운의 말이 일반적 예언들과 구별되는 것은 이렇듯 괴질이 천지운수로 불가피하게 온다고 말하고 있는 점이다. 운수란 밖에서 나를 향해 필연적으로 닥치는 것으로서 내 의지를 무력화시키는 압도적인 것이다. 운수란 타고 가거나 끌려갈 뿐이다. 또 '다시 개벽'이란 말은 괴질이 새로운 세상을 여는 개벽의 사건인데, 그 개벽은 처음 일어나는 것이 아니라 천지 법칙에 따라 다시 맞는 것이란 뜻이다.[72] 끝의 인용문에서 무병지란은 전쟁이 없는 환란이니 이 역시 괴질 혹은 병겁의 재앙을 말하는 것으로 보인다.

그런데 놀라운 것은 수운이 십이제국을 돌며 3년을 끌게 될 병겁이 아동방 조선에서 가장 먼저 일어나며 동시에 새로운 세상 또한 그곳에서 시작된다는 점을 여러 번 언급하고 있는 사실

72 안경전, 『생존의 비밀』, 69-71쪽 참조.

이다. 그에 따르면 동방 땅 우리나라는 기험한 곳이면서 새 희망의 땅인 셈이다.

> "우리나라는 목국을 상징하니 삼절의 수를 잃지 말아라. 여기서 나서 여기서 얻었는 고로 동방부터 먼저 하느니라."(「필법」)
> "십이제국 다버리고 아국운수 먼저하네"(「안심가」)
> "십이제국 괴질운수 다시개벽 아닐런가 요순성세 다시와서 국태민안 되지마는 기험하다 기험하다 아국운수 기험하다"(「안심가」)
> "아동방 삼년괴질 죽을염려 있을소냐"(「권학가」)
> "아동방 연년괴질 인물상해 아닐런가"(「권학가」)

첫 번째 인용문에서 "목국"은 동방땅 조선을 그리고 "삼절의 수는 잃지 말아라"는 모든 것이 끊어지는 세 번의 고비에도 우리나라는 잃지 않을 것이란 뜻으로 해석된다.[73] 이와 아울러 수운은 자신에게 하느님의 가르침을 통해 개벽의 환란 속에 창생을 살리고 새 세상을 여는 일을 선도해야 할 사명이 주어져 있다

---

73 수운이 「필법」에서 말하는 삼절의 뜻은 분명치 않다. 그러나 해월이 "우리 도는 삼절운(三絶之運)에서 창립되었다. 그런 까닭에 나라와 백성이 모두 이 삼절의 운을 면하지 못하리라."란 말에 비춰볼 때 "세 번의 모든 것이 끊어지는 커다란 어려움"으로 이해된다. 윤석산, 『동경대전』, 273쪽. 한편 「천부경」에 삼三이 모두 8번 나온다. 한 해석에 따르면 3과 8은 오행상 동방 목木으로서 그 같은 기술은 삼팔 목도木道를 상징하는 것으로 볼 수 있다고 풀이된다. 김석진, 『대산의 천부경』, 71~72쪽.

고 한다. 그는 그것을 위해 하느님이 자신을 세상에 내었다고 밝히고 있다.

> "한울님께 받은재주 만병회춘 되지마는 이내몸 발천되면 한울님이 주실런가 주시기만 줄작시면 편작이 다시와도 이내선약 당할소냐… 나도또한 한울님께 옥새보전 봉명하네 무병지란 지낸후에 살아남는 인생들은 한울님께 복록정해 수명을란 내게비네"(「안심가」)
> "한울님이 내몸내서 아국운수 보전하네."(「안심가」)

이로 볼 때 수운이 세상에 펴고자 한 것은 다음과 같이 파악된다. 무극지운을 맞이하여 수심정기로 본 마음을 찾아 지기에 화하는 가운데 시천주하여 병겁 등의 환란을 딛고 선으로 결실을 맺어라. 그것이 수운이 하늘로부터 천명의 내용이 될 터다.

> "하늘에서 동방의 이 땅에 이름 없는 한 구도자를 불러 세워 신교의 도맥을 계승하게 하고 후천개벽後天開闢으로 새 세상이 열릴 것을 선언토록 하셨나니"(『도전』 1:8:4)

그렇지만 수운에게서는 시천주와 선, 개벽과 새로운 선경세상 등 주요 주제들이 미래에 대한 새로운 전망 속에 체계적으로 종합적으로 제시되지 못한다. 특히 개벽과 관련하여 그 때가 언제며 왜 그런 일이 우주와 인간 삶에 들이닥치는지 설명을 내놓지 않는다. 어떤 우주론적 토대 위에서 괴질 운수를 얘기하고 개벽의 또 다른 도래를 말하는지, 앞으로 열리는 '오만년의 운수'에서 '오만년'의 수치는 무슨 근거로 나온 것인지 그 설명이 발견되지 않는다. 그에 따라 그것들은 우주와 인류에 임박한 '하나의' 중대과제로 제시되지 못한다. 앞에서 지적한 공덕의 불충분함이란 아쉬움 역시 그것과 무관하지 않을 터. 깨달음이 철저할수록 실천 또한 근본적이지 않겠는가?

수운이 드러내고 있는 이 같은 한계는 그가 "능히 유교의 테 밖에 벗어나 진법을 들춰내어 신도神道와 인문人文의 푯대를 지으며 대도의 참빛을 열지" 못했다는데 기인한다. 그가 "유가의 낡은 틀을" 벗어나지 못했기에, 상제관이 시종일관 확고하게 견지되지 못했다. 신에 대한 중립적이거나 불가지론적 입장과 성리에 치중한 보수적인 학문태도는 유가의 두드러진 특징에 속한다. 이 같은 유가의 굴레를 완전히 벗어날 수 없었기에 발목이 잡히는 바람에 광활하면서 정치한 우주론의 바탕 위에서 개벽론을 전개하지 못했다. 말하자면 그는 새 시대의 여명을 바라보았음에도 여전히 구 시대의 어둠에 갇혀 있었던 것이다. 수운이 천명을 수행함에 있어 결정하지 못하고, 실현하지 못한 것은 그를 내세운 상제의 몫이 된다. 그것이 상제가 직접 이 땅에 강세한 배경이 된다.

"내가 서양 대법국 천개탑에 내려와 이마두를 데리고 삼계를 둘러보며 천하를 대순大巡하다가 이 동토東土에 그쳐… 모악산 금산사 미륵금상에 임하여 30년을 지내면서 최수운崔水雲에게 천명天命과 신교神敎를 내려 대도를 세우게 하였더니 수운이 능히 유교의 테 밖에 벗어나 진법을 들춰내어 신도神道와 인문人文의 푯대를 지으며 대도의 참빛을 열지 못하므로 드디어 갑자(甲子 : 道紀前 7, 1864)년에 천명과 신교를 거두고 신미(辛未 : 道紀 1, 1871)년에 스스로 이 세상에 내려왔나니 동경대전東經大全과 수운가사水雲歌詞에서 말하는 '상제'는 곧 나를 이름이라."(『도전』 2:30:12~17)

수운 동학의 천주가 자신임을 알린 상제는 그의 가르침이 참동학이라고 선언한다.

대구 관덕당 장대 터. 수운은 이곳에서 끝내 참형을 선고 받고 최후를 맞는다. 이때 그의 나이 41세로 죄목은 세상을 어지럽혔다는 것이다. 일설에 의하면 그는 죽음을 맞이하면서 "더디도다 더디도다. 천하의 무극대도가 8년이 더디도다."란 말을 남겼다고 한다.

"너의 동토(東土)에 인연이 있는 고로 이 동방에 와서 30년 동안 금산사 미륵전에 머무르면서 최제우에게 천명天命과 신교神教를 내려 주었더니 조선 조정이 제우를 죽였으므로 내가 팔괘 갑자八卦甲子에 응하여 신미(辛未 : 道紀 1, 1871)년에 이 세상에 내려왔노라. 궁을가(弓乙歌)에 '조선 강산 명산이라 도통군자 다시 난다.'는 말은 이를 두고 이른 말이니라. 최제우는 유가儒家의 낡은 틀을 벗어나지 못하였나니 나의 가르침이 참동학이라."(『도전』 2:94:6~9)

상제가 강세한 때는 1871년, 그러니까 1864년 수운이 비운의 죽음을 당하고 "팔괘 갑자" 8년 뒤다. 수운이 살았다면 직접 목도했을 사건이다. 문헌으로 확인할 길이 없지만 일설에 전하기를 수운은 죽음을 맞이하면서 "더디도다. 더디도다. 천하의 무극대도가 8년이 더디도다."란 말을 남겼다고 한다. 이로써 그는 천기를 고지했던 셈이다.

상제의 강세와 더불어 그가 뿌리고 기른 신교는 이윽고 열매를 맺는다. 무릇 열매는 가을에 익는 법. 이어져야 할 것은 신교를 둘러싼 가을의 성숙과 통일에 대한 이야기가 될 것이다. 그 가을로 들어서기 전에, 장의 맨 앞에서 '숙제'로 제시한 을묘천서 수수께끼를 풀고 넘어가자.

6) 물음에 대답하기

그 책이 도대체 무엇이었는지, 지금에 이르러서도 확증될 수 없기는 마찬가지다. 믿을 수 있는 기록이나 증언으로 뒷받침될 수 없는 한 그것은 아마도 영구미제로 남을 것이다. 하지만 우리의 논의가 전개되면서 그 책이 신교의 문화와 역사를 전하는 책일 것이란 추정을 이끌어 낼 수 있었다.

우선 앞에서 인용한 그에 관해 기록을 다시 상기해보자. 수운이 받은 그 책은 세상에 보지 못한 희귀한 책으로서 유불의 책이었지만 문리에 들어맞지 않아 풀기 어려웠다고 한다. 유불의 주장이나 표현이 발견되는데, 유불의 사유방식으로는 이해하기 어려웠다는 것이다. 자신의 도를 두고 수운이 평했던 말을 연상시킨다. "유이면서 유가 아니고 불이면서 불이 아니다." 을묘천서 관련 기사는 어디에서도 아는 사람을 만날 수 없었던 책의 내용과 논리가 신교의 그것이었음을 말해주는 것으로 볼 수 있다. 그런 해석이 그 기사에 대한 유일하게 올바른 것은 아닐지 모른다. 그렇지만 그것은 정당하게 시도해 볼 수 있는 해석 중 하나임에는 틀림없다.

게다가 수운은 그 책을 읽고 하늘에 대한 기도의 깨달음을 얻었다고 한다. 세상에 아는 사람이 없고 얼른 보기에 유불에 속하는 듯 보이면서 "기도의 가르침"이 들어있는 책! 특히 수운은 그 책을 통해 하늘에 기도할 것을 결심하는 것이다. 당시 수운이 어떤 식으로 수도를 했는지 정확히 알려져 있지는 않다. 한 기록에 따르면 삼층단을 쌓아 폐백을 드리고 향을 피우며 광제창생의 뜻을 발원하는 기도를 올렸다고 한다.[74] 신교에 관한 책을 정의한다면 틀림없이 유불선을 포함하면서 상제에 대한 섬김, 제천의 가르침을 담고 있다고 말할 것이다. 지금까지 드러난 것에 비춰보면 이것은 바르고 정확한 규정이다. 그렇다면 사정은 이와 같은 것이다. 수운이 접한 책(을묘천서)이 반드시 신교에 관한 서적이 아닐지 모른다. 그러나 신교 서적이라면 마땅히 그런 성격을 지녀야 한다. 이상은 을묘천서 기사에서 타당하게 이끌어낼 수 있는 것이다. 그밖에도 여러 정황적 근거들이 우리의 추정을 보다 확고하게 만들어준다.

조선에 이르면서 신교의 역사와 문화를 전하는, 이른바 도가사서들이 금기시된다. 세조 3년 때 그리고 뒤이어 예종 1년 때 전통사서와 도서들을 모조리 수거한다. 해당 도서들을 열거하며 이 책을 가기고 오는 사람에게 대신 원하는 책을 주거나 상을 내리도록 한다. 특히 예종 때의 수거령에는 숨긴 자는 참형에 처한다고 돼 있다. 도대체 무엇 때문에, 무엇을 위해, 그렇듯 도가서서들을 발본색원하듯 수거했어야 하는지 의문이다. 아무튼 여

74 『시천교종역사』 제3장 참조.

러 번의 전쟁을 겪는 것과 더불어 이런 일을 거치면서 도가사서들은 모습을 감춘다. 그래서 박식한 사람은 많지만 어디에서도 이 책들에 대해서는 아는 사람을 만나지 못하게 된 것일까? 당시 수거령에 포함된 도가사서로는 『고조선비사古朝鮮秘詞』, 『대변설大辯說』, 『조대기朝代記』, 『주남일사기周南逸士記』, 『도증기道證記』, 『표훈삼성밀기表訓三聖密記』 등이 있다. 『환단고기』에는 이 가운데 일부 사서의 기록들이 인용돼 있다.

그래도 살아남은 도서가 있다면 그것은 주로 제도권에서 벗어난, 그래서 그들의 감시와 주목에서 자유로운 사람들이 은밀히 전한 것이다. 도가와 승려들은 분명 그런 사람들에 속한다. 『규원사화』를 지은 북애자는 말하기를, "우리 국사는 여러 번 전쟁을 겪으면서 없어지고, 이제 겨우 남아있는 것은 단지 도가道家와 승려들이 적어서 전한 것뿐인데, 다행히 바위굴[岩穴]에서 찾아 보존해왔다."(『규원사화』 「단군기」)고 한다. 을묘천서 또한 그 창건설화로 미루어 원래 신교의 성전으로 짐작되는, 금강산 유점사에 있는 한 승려의 손으로 전해진 것이다. 물론 결정적이거나 중요한 단서라고 할 수 없겠지만 유념해둘 만하다.

또 도가사서류들이 조정으로부터 금기시된 만큼 그나마 이 책에 우호적인 사람들은, 만약 있다면, 신분상으로나 학문 경향에서 당시 성리학 중심의 사회 주도층에서 배제된 수변인에 속할 가능성이 높다. 대체로 민족적이며 반존화적인 사람들, 기존 성리학의 학문성향에 반감을 가진 사람들, 속세에서 명예를 구하는 것보다 은퇴하여 자유를 찾는 사람들 등이 도가사서류에 관심을 나타낼 수 있다.

수운은 그의 출신성분상(어머니가 한번 출가했다 재혼한 재가녀再嫁女 신분이었다.) 과거에 응시할 수 없었다. 10세때 어머니를 17세때 아버지를 여읜 수운은 21세 때부터 장삿길로 나선다. "수년을 두고 가산을 돌보지 않았으므로 부모로부터 물려받은 유산은 적패하여 영락하기 짝이 없고 부인 박씨는 생계를 할 길이 없어 울산 박문朴門인 친정에 유숙"해야 했다고 한 기록(『천도교창건사』)은[75] 이때의 난감한 형편을 적고 있다. 10년간 이어진 이 일은 생계를 위한 것이었지만 세상 돌아가는 실정을 직접 확인할 수 있는 기회이기도 했다. 나라 안팎에서 팽배해지는 위기를 실감한 수운은 장사를 접고 구도의 삶을 살기로 결심한다.

이런 수운의 신분이나 인생역정, 삶의 태도 등은 적어도 도가사서를 편견 없이 바라볼 수 있는 혹은 그 책에서 희망을 발견하는 조건으로 작용할 것이다. 게다가 수운은 최치원의 후손이기도 하다.[76] 물론 이 점은 대수롭지 않은 것으로 취급될 수 있

75 표영삼, 『동학』 1, 59쪽.

76 최치원은 수운의 제25 시조始祖. 수운은 「절구絶句」에서 이렇게 말한다. "평생에 받은 천명은 천년 운수요, 성덕의 우리 집은 백세百世의 업業을 계승하였네."

다. 그런데 최치원이 누군가? 앞에서도 일부 언급됐지만, 최치원은 신교의 존재와 그 성격을 기록으로 남겼으며 한국 선맥을 잇는 일련의 인물들 가운데 한 사람으로 꼽힌다. 또 동인의식 등 한국의 고유한 사상적 특질에 천착하기도 했던 인물이다. 일설에는 그가 이윽고 신선이 됐다는 얘기도 전해진다. 그가 하느님에 의해 신교의 도맥을 계승하도록 쓰인 수운의 먼 조상이란 것은 우연치고는 기이하다. 더욱 신비로운 일은 수운 이후 동학에서 생겨난 포접제의 조직에서 포와 접이 최치원의 「난랑비서」에 나오는 삼교'포'함 '접'화군생에서 나왔다는 것이다.[77]

금강산 유점사의 승려가 문제의 책을 들고 수운을 찾았을 때는 이런 모든 점을 고려하지 않았을까? 수운이 그 책에서 깨달음을 얻었다고 하자 기뻐서 어쩔 줄 모르던 노승은 "이 책은 진정 하늘이 생원께 내려주신 책입니다. 소승은 단지 이 책을 전할 뿐입니다. 바라건대 이 책의 뜻을 세상에 행하옵소서."라고 말한다. 그리고는 계단을 내려가 몇 발자국 안되어 홀연히 보이지 않았다.[78] 그 후 도를 얻은 수운이 세상에 편 것은 시천주와 선의 가르침이었다.

77 최영성, 『최치원의 철학사상 연구』, 263쪽 참조. 한편 최치원의 동인의식에서 수운 동학의 유래를 파악하기도 한다. 김상일, 「한국의 고대 사상과 동학」.

78 표영삼, 『동학』 1, 70쪽.

최수운 대신사의 유일한 친필로 알려져 있는데 거북이와 같이 수행을 하라는 뜻이 담겨 있다고 한다.

Chapter 3

신교神敎, 선仙의 세상에서 완성되다

-세 번째 물음-

결국 수운 동학의 요체는 인간으로 하여금 상제를 섬겨서 그 뜻에 따라 성통공완해서 선으로 결실을 맺게 하는 것이다. 천지를 개벽하여 인간을 화생하고 국조삼신으로 하여금 그를 대신해 세상을 다스리게 했고, 수운을 불러 천명을 내렸던 그 하나님의 뜻은 오직 한 가지, 인간농사에 있었던 것. 특히 수운에게 후천개벽의 소식을 함께 알리도록 한 상제는 천지와 인간 삶에 심은 자신의 뜻을 스스로 완수하기 위해 이 땅에 내려온다. 그의 강세는 인간 농사를 수확하는 추수자로서의 등장이 될 것이다. 우리는 여기서도 하나의 물음을 먼저 제시하는 것으로써 논의를 시작하고자 한다.

1909년은 증산 상제가 9년간에 걸쳐 이뤄진 지상(地上)의 주재를 마치고 다시 천상으로 복귀하는 해다. 그 해 어느 날 신원일 성도와의 문답이다.

> 이때 신원일이 여쭈기를 "천하는 어느 때 정하려 하시옵니까? 천하를 속히 평정하시기를 바라나이다." 하니 말씀하시기를 "내내 하고 난 것이 동학東學이라. 이제 천하를 도모하려 떠나리니 일을 다 본 뒤에 돌아오리라." 하시

고...(『도전』 10:34:1~2)

신원일 성도는 상제가 새로운 세상을 열면 왕후장상이 되고 세속의 영화를 누릴 것으로 기대한 대표적 성도다. 신원일 성도는 지금 그런 세상을 언제 만들 것이냐고 묻고 있다. 이에 대해 상제는 그간 지상에서 이룬 자신의 일이 내내 동학이라고 밝히고 있는 것이다.

동학, 특히 수운의 동학이라면 그 요체는 시천주와 선에 있음을 우리는 드러냈다. 상제는 여기서 자신의 일이 한갓 세속의 영화를 차지하는 것이 아니라 상제에 대한 믿음을 다시 일깨우고 무엇으로도 무너지지 않을 영원한 복락인 선의 세상을 손수 여는 것임을 말하는가? 그렇다면 상제는 지상의 수고로움을 아끼지 않으면서 어떻게 내내 그 일, 동학을 했던 것일까? 그렇듯 상제가 지상에 편 일이 동학이라면, 그것은 마땅히 동학의 본질이며 이상, 즉 '참동학'이 될 것이다. 그것은 자신의 강세 배경을 밝히면서 선언한 것과도 상응한다.

"최제우는 유가儒家의 낡은 틀을 벗어나지 못하였나니 나의 가르침이 참동학이니라."(『도전』 2:94:9)

그 참동학은 어떻게 해서 이뤄지는 것인가?

1) 우리 도는 선仙

신해(1911)년 도장을 개창한 태모 고수부[79]는 교 이름을 어떻게 정할 것인지를 묻는 성도들의 물음에 우선 선도라고 부르도록 한다.

> "천하를 통일하는 도道인데 아직은 때가 이르니 '선도仙道'라고 하라. 후일에 다시 진법眞法이 나오면 알게 되리라."(『도전』 11:29:2)

세월이 한참 흐른 뒤에도 그 이름은 변치 않는다. 무진(1928)년 태모 고수부는 보다 분명하게 당신이 개창한 도道의 정체를 밝힌다.

> "내가 하는 일은 다 신선神仙이 하는 일이니 우리 도는 선도仙道니라."(『도전』 11:199:7)

반면 증산 상제는 더 은근하게 자신의 일을 밝힌다. 증산 상제는 어느 날 성도들에게서 '금산사의 미륵불이 조만간에 출세하면 천하가 한집안같이 되어 무량한 신선의 세계가 된다.'는 말을 듣고서 이렇게 넌지시 말씀하신다.

79 태모 고수부는 증산 상제의 아내이며 종통의 계승자로서 상제와 짝하여 새로운 가을 세상을 여는 일을 주재한다.

"세간에는 혹 내 일을 아는 자가 있어 사람들이 모르는 앞세상의 운수를 왕왕 그와 같이 말하는 수가 있느니라."(『도전』 2:32)

상제님과 태모님은 당신들의 일이 인간이 성숙하여 조화와 장생의 선이 되도록 하는 것임을 밝히고 있다. 이것은 다시 증산 상제의, 다음과 같은 선언을 통해 확인된다.

"내가 삼계대권을 주재하여 조화造化로써 천지를 개벽하고 불로장생不老長生의 선경仙境을 건설하려 하노라."(『도전』 2:16:2) ;
"때가 오면 너희들은 모두 환골탈태換骨奪胎하여 선풍도골仙風道骨이 되느니라."(『도전』 7:59:5)

다시 말해 "지지리 못나도 병 없이 오백 세"는 살고 "빠진 이도 살살 긁으면 다시"(『도전』 9:183:5) 나며, "흰 머리가 나지" 않고 "허리도 굽지" 않으며(『도전』 11:298:7), "환골탈태換骨奪胎되어 키와 몸집이 커지고 옥골풍채玉骨風采가"(『도전』 7:4:4~5)[80] 되고 "모르는 것이 없고 못하는 바가"(『도전』 7:6:3~5) 없는 세상을 열려는 것이다. 사람들 모두 "선관"(『도전』 11:292:2)이 되어 동귀일체하는 "낙원의 선세계仙世界"(『도전』 7:5:6)를 땅 위에 펼치려

80 "후천 가면 너희들이 모두 선관이 되는데, 선관도 죽는다네?"(『도전』 11:298:2) 그리하여 후천에는 장례 문화도 바뀐다. "선천에는 백골을 묻어서 장사지냈으나, 후천에는 백골을 묻지 않고 장사지내게 되느니라."(『도전』 7:52:10)

는 것이다.[81]

또 여동빈의 일에 빗대기도 한다. "또 나의 일은 여동빈呂洞賓의 일과 같으니"(『도전』 7:84:3). 여동빈은 중국 당나라 때 팔선八仙 가운데 하나. 특히 민중들 속에 살면서 장생술을 전하고 그들이 정성으로 기도하면 들어주는 노력을 지녀 두터운 신앙의 대상이 되었다. 여동빈이 장생술長生術을 전하려고 빗장수로 변장하여 거리에서 외친다. "이 빗으로 빗으면 흰머리가 검어지고, 빠진 이가 다시 나고, 굽은 허리가 펴지고, …늙은 얼굴이 다시 젊어져 불로장생"하는데 "빗 값이 천 냥"이라고. 아무도 그 말을 곧이듣지 않는다. 이에 여동빈이 한 노파에게 시험하자 과연 머리가 검어지고 이가 다시 난다. 그제야 모든 사람들이 사려고 모여드나 여동빈은 오색구름을 타고 홀연히 승천한다.(『도전』 7:84:4~9) 상제는 이로써 당신의 뜻이 곤궁한 사람들을

신선 여동빈

81 이로써 선경仙境이라고 부르며 우리가 찾았던 이상향이 건립되는 것이다. 그것도 다른 곳이 아닌 이 땅 위에, 조선을 중심으로 해서 현실선경, 지상선경이 펼쳐지는 것이다. "내가 이곳 해동조선에 지상천국을 만들리니 지상천국은 천상천하가 따로 없느니라. 장차 조선이 천하의 도주국道主國이 되리라."(『도전』 7:83:7~8) ; "장차 조선이 제일 좋으니라."(『도전』 5:388:6)

위해 빠진 이가 새로 나는 선의 세상을 여는 것인데, 선으로 사는 복락은 믿음을 먼저 보인 자들의 차지가 될 것이란 점을 밝힌 것이다.

증산 상제가 탄강한 곳의 지명도 예사롭지 않다. 증산 상제가 강세한 전라북도 정읍 고부군 객망리客望里인데, 마을 뒷산 시루산에 선인독서혈仙人讀書穴이 있다 하여 선망리仙望里로 불렸고 이것이 변해서 손바래기〔객망리〕가 되었다고 한다. 손에 신神, 선仙의 의미가 있다. 어느 이름이든 선의 기운이 서려 있다.('객망리'는 증산 상제의 어천 이후 '신기新基 마을', 곧 '새터'로 바뀌

탄강지 객망리 전경.
증산 상제가 탄강한 곳을 중심으로 유난히 선仙 자가 들어있는 지명들이 많다.

었고 지금은 위쪽 송산 마을과 합쳐 신송新松이라 불린다.) 이밖에도 탄강지 주변에는 학선암, 회선동, 은선리, 강선대, 도선사, 유선사…등 '선'이 들어가 있는 지명이나 사찰명들이 유난히 많다.

상제가 추수자로서 지상에 펼친 선은 선의 이념을 완성하는 일이 될 것이다. 그 선의 결실은 어떻게 이뤄지는가? 보다 구체적으로 물어보자. 신교와 수운에서 선仙에 이르는 길, 다시 말해 선약은 성통공완이었다. 그것은 여기 결실로서의 선에서는 어떻게 나타나는가? 또 상제가 수운에 알리도록 한 후천개벽의 소식의 진정한 본래 내용은 무엇일까? 그것은 신선이 되는 것과 무슨 연관이 있을까? 이를 알려면 우주가 변화하는 이치와 상제가 강세한, 혹은 강세해야 하는 때의 의미를 알아야 한다.

2) 우주가 변화하는 이치

먼저 우주 순환의 의미를 파악해야 한다. 우주는 봄, 여름, 가을, 겨울의 사시를 되풀이하며 전개된다. 지상에서 1년 가운데 봄. 여름 등을 말하듯, 우주의 봄, 우주의 여름에 대해서 말할 수 있는 것이다. 우주의 한해는 당연히 '우주적'으로 크다. 우주 일년의 길이는 129,600년이다. 이 가운데 전반부가 되는 봄, 여름을 선천, 선천 5만년이라고 한다. 후반부인 가을, 겨울 혹은 폐장기인 겨울을 제외한 가을을 후천, 후천 5만년이라고 한다.

129,600수

129,600수는 어떻게 해서 얻어졌을까? 현재 1년이 365일 하고 4분의 1이지만 원칙대로 하면 360이 정도수다. 지구는 360도 자전하면서 1년 360일 동안 해를 안고 돈다. 그래서 360도 곱하기 360회 해서 총 129,600도를 도는 셈. 우주적 규모에도 마찬가지의 수식이 적용된다. 360년을 한 주기로 해서 360회 순환 반복함으로써 우주 1년의 시간대가 이뤄진다. 즉 360년 곱하기 360회 해서 나오는 129,600년이 우주 1년의 한해 햇수가 되는 것이다.

신비한 것은 129,600도수가 인간의 생명활동에서도 발견된다는 점. 우리 몸의 하루 맥박 수와 호흡 수를 합치면 129,600회가 된다. 일반적으로 성인의 분당 맥박 수는 평균 72회, 그러니 하루 평균 맥박 수는 103,680회(=72회×60분×24시간)다. 또 분당 호흡 수는 18회로서 하루 호흡 수는 25,920회(18회×60분×24시간)다. 둘을 더하면 129,600회다. 『동의보감』 등 의서에서 일반적으로 성인의 경우 129,600회를 두 맥(맥박과 호흡)의 평균수치로 잡고 있다. 129,600은 멀게는 우주에서 가까이는 내 몸에서 발견되는 음양변회의 기본도수인 것이다.

우주 봄, 여름은 우주 만물이 나고 자라는 분열, 발전의 시기다. 반면 후천 가을은 모든 것이 안으로 성숙하고 통일하여 열매를 맺는 때다. 결실의 계절인 가을은 곧 근본으로 돌아가 제 본연의 모습, 제 자신을 찾는 시기다.

우주의 가을이 되면 천지만물의 본성을 이루고 온갖 변화를 짓는, 한 뿌리의 생명 기운도 제 모습을 찾는다. 가을의 천지 기운은 신으로, 지기로 화한다. 그래서 상제의 주재로 하늘, 땅과 모든 것들의 성숙과 결실을 이끄는 가을 생명이 된다. 만물을 익게 하는 가을 바람이 된다.

> "이제 천지의 가을운수를 맞아 생명의 문을 다시 짓고 천지의 기틀을 근원으로 되돌려 만방萬方에 새 기운을 돌리리니…"(『도전』 3:11:4)

수운이 새롭게 일어나되 또한 혼원한 기운으로서 인간을 새롭게 성숙시킨다고 본 지기는 바로 이 가을에 이는 성숙과 통일의 한 기운을 말한 것이다. 아울러 수운이 알린 여러 소식들의 근거를 제공하고 그것들을 하나의 미래에 대한 전망으로 묶어 줄 우주론적 토대를 여기에서 발견할 수 있다.

분열 발전하는 봄, 여름이 확장의 때라면 성숙과 통일의 계절인 가을은 수렴의 시기. 봄, 여름이 양의 때라면 가을은 음의 시기다. 봄 여름이 확장이나 발전 등의 동질적同質的 과정이라면,

수렴하는 가을은 그와는 전혀 이질적인 성격을 갖는다. “천운이 둘렀으니” 음과 양, 팽창과 수렴 등 전혀 상이한 것의 만남 혹은 충돌. 뭔가 심상찮은 일이 벌어질 것 같다. 여름과 가을이 바뀌는 길목은 중대한 고비가 될 것만 같다.

성장과 발전을 거듭하는 선천 봄, 여름은 상극의 이치에 의해 주도된다.[82] 상극이란 서로 상, 이길 극으로 서로 대립하다. 서로 이기려 하다의 의미다. 즉 선천은 경쟁과 승패의 법칙이 지배하는 세상이란 것이다. 승부에는 패자의 원망과 저주가 남는 법. 그리하여 이 때는 또한 원한의 시기이기도 하다. 우승열패와 약육강식의 냉혹한 생장 경쟁원리가 지배함에 따라 져서 분하고 오해 받고 차별받아서 억울하고 강권에 휘둘린 세월이 한탄스럽고 가슴 속 꿈을 이루지 못해 절망하고… 등. 성장과 발전의 화려함 이면에는 여러 빛깔로 채색된, 쓰라린 원한의 사연들이 불가피하게 축적돼 가는 것이다.

> “한 사람의 원한冤恨이 능히 천지기운을 막느니라.”(『도전』 2:68:1)

살다가 억울한 일을 당하면 몸과 마음의 건강에 장애를 주

---

82 증산도는 이 같은 현상이 근본적으로는 지축이 동북으로 기울어짐에 따른 양의 과잉에서 기인하는 것으로 본다. 지축의 경사에 따라 우주는 삼천양지三天兩地 혹은 삼양이음三陽二陰 운동의 지배를 받음으로써 양 기운이 음 기운보다 강하게 작용하게 된다는 것이다.

고, 그 상심이 주변 사람들을 전염시킨다. 뜻밖의 사고를 불러 일으키기도 한다. 반대로 말과 행동으로 다른 사람을 해치면 자신도 상처를 입기는 마찬가지다. 그런 어두운 마음들은 잊혀질 수는 있지만 아예 사라지는 것은 아니다. 말하자면 업業과 같은 것이 되어 영혼 깊은 곳에, 저 천지에 쌓인다. 마음과 삶의 지혜를 다룬 여러 책들은 밝고 긍정적인 마음이 병을 낫게 하고 가정과 직장 생활, 사교에서 행운을 가져다준다는 것을 증언한다. 사랑과 보살핌이 꽃을 더 아름답게 하고 무관심과 냉정은 꽃의 생명이 빛을 잃게 만든다. 스트레스를 줘서 고기를 잡으면 그걸 먹는 우리도 스트레스를 받는다는 사실을 과학자의 입을 통해 듣는 것은 더 이상 놀랄 일이 아니다.

수운의 말대로 천지 한 기운으로 혹은 한 마음으로, 모든 것이 모든 것과 연결돼 있기 때문이다. 그럴진대 날선 원한의 독기는 어떻겠는가? 원한은 척이 되고 살이 돼 나를 병들게 하고 다른 사람에게 위해를 끼친다. 나아가 천지의 생명을 위축, 왜곡시킨다. 위에서 인용한 성구에는 다음과 같은 말씀이 이어진다.

> "뱃속 살인은 천인공노할 죄악이니라. 그 원한이 워낙 크므로 천지가 흔들리느니라. 예로부터 처녀나 과부의 사생아와 그 밖의 모든 불의아의 압사신壓死神과 질사신窒死神이 철천의 원을 맺어 탄환과 폭약으로 화하여 세상을 진멸케 하느니라."(『도전』 2:68:2~5)

말 그대로 하늘에 사무치는〔철천〕 원한이 갖는 파괴력을 보여주는 한 예다. 원한-앙갚음과 저주-다시 원한…등 원한은 갈수록 확장되고 확대된다. 상극이 맡아 다스린 선천 세상은 그런 세월이었다. 이제 천지에 쌓인 원한이 감당할 수 없는 한계에 이른다면…

> "이제 이 상극의 운을 끝맺으려 하매 큰 화액禍厄이 함께 일어나서 인간 세상이 멸망당하게 되었느니라."(『도전』2:17:4)

선천 말대가 당면한 절체절명의 고비를 넘겨 새로운 가을세상이 들어서도록 하는 구원자가 1871년 이 땅에 인간으로 강세한 증산 상제다. 증산 상제는 성숙의 새 세상 가을 우주를 여는 구원자로 온 것이다.

3) 가을의 주재

새로운 세상에 들어서는 것을 가을개벽, 후천개벽이라고 한다. 그런데 이 때는 자연재앙과 전쟁, 괴질 등 참혹한 혼란이 뒤따르게 된다. 이것은 엄정한 자연의 질서이면서 또한 하늘, 땅을 뜯어고쳐 새 세상을 여는 주재자의 섭리이기도 하다. 즉 선천 봄, 여름 동안 천지와 문명에 쌓인 부조화와 원한, 저주가 한꺼번에 터져 나오는 데서 비롯되는 저 재앙들은 천지와 인간 삶이 새롭게 거듭나기 위해 통과해야 하는 것이다. 동시에 상제는 이를 통해 선천 세상의 묵은 병폐가 정화되고 조화와 상생의 가을세상이 열리도록 하는 것이다.

"나의 운은 더러운 병病 속에 있느니라."(『도전』 5:291:5)

일련의 환란 가운데 실질적인 개벽은 무서운 기세로 전 세계를 휩쓰는 병겁에 있다.

"모든 병은 척隻이 있어 생기고 수數가 있어 앓느니라."(『도전』 9:87:2)

이 가을개벽기의 괴병 또한 천지 질서가 바뀌는 가을 운수〔數〕를 맞아 그간 쌓인 원한이 척隻이 되어 발생하는 재앙이다.

"이제 천지의 가을운수를 맞아 생명의 문을 다시 짓고 천지의 기틀을 근원으로 되돌려 만방萬方에 새 기운을 돌리리니…"(『도전』 3:11:4)
"지기至氣가 돌 때에는 세상 사람들이 콩나물처럼 쓰러지리니"(『도전』 2:45:4)

증산 상제는 가을을 맞아 새롭게 일어나는 성숙과 통일의 기운인 지기를 만방에 돌려 개벽을 주재한다. 지기는 곧 상제의 손길이 더해진 것이란 또 다른 중요한 특성을 갖는다.

증산 상제는 가을 천지의 신령한 조화기운으로써 천지의 질서를 바로잡고 하늘, 땅과 우리의 의식에까지 들어찬 원한을 말끔히 비워낸다. 이로써 우주는 새 몸으로 거듭난다. 그 신천지 위에 비로소 천지의 조화성신과 소통하며 장생과 조화의 선으로 사는 선경세상이 열린다. 그런 점에서 증산도의 선은 세상을 치유하는 선이다.[83]

오행五行의 원리로 말하면, 오늘의 우주가 처한 위기는 여름의 불 기운과 가을의 금金 기운이 부딪치는 화극금火克金 혹은 금화상쟁金火相爭의 그것이다. 선천 말대가 당면한 절체절명의 고비를 넘겨 새로운 가을세상이 들어서도록 하는 구원자가 1871년 이 땅에 인간으로 강세한 증산 상제다. 증산 상제는 화생토火生土 토생금土生金, 즉 토가 화를 흡수하여 금을 생하는 이치로 여름 불 기운을 흡수하여 성숙의 새 세상 가을 우주를 여는 토의 구원자로 온 것이다.

상제의 주재가 천지의 신령한 기운으로써 세상을 다스리는 것이란 설명에서 수운에게서 발견되는, 비인격적 실재와 인격적 실재를 조화시키는 '비법'이 더욱 분명해진다. 천지 기운은 만물의 바탕을 이루며, 이법에 따라 조화를 짓는다. 이와 같이 그

83 증산 상제는 개벽의 때 사람을 살리는 구원자를 "선의仙醫"(『도전』 3:11:7)라고 말하며, 스스로를 "천지의원"(9:21:7)으로 호칭하기도 한다. 또 자신을 미륵불로 밝힌 증산 상제는 다음과 같이 말한다. "미륵불은 혁신불革新佛이니라."(『도전』 3:84:4)

것은 만물의 근본자리가 되기에 '바탕', '으뜸'이란 의미의 '원元' 자를 써서 원신元神이라고 하기도 한다. 또 천지의 온갖 변화를 짓는 신령한 조화의 능력을 지녔기에 조화성신 혹은 조화성령이라고 불리기도 한다. 전자는 그것의 포괄성을, 후자는 그것이 지닌 권능의 오묘함을 강조하고 있다고 볼 수 있다.

이 조화기운은 상제의 주재를 통해 때에 맞춰 신령한 공능을 실현한다. 지기란 특히 가을에 이르러 성숙과 통일의 본성을 회복한 천지 기운이다. 다시 저 「소도경전본훈」에 나오는 말을 상기한다. 그래서 참으로 공이 있는 것은 제다. 그런 점에서 원신이며 조화성신인 천지 기운은 상제에 속한다. 굳이 서열을 지어 말하면 용用의 관점에서는 씀의 주인인 상제가 앞선다.

동시에 상제는 최고의 신으로서 존재하는 모든 것의 근본인 조화기운(원신)에 속한다. 상제는 원신에서 화한 것이다. 우주 본체를 이루는 원신 속에서 "천지의 시간의 변화정신에 의해 스스로 화생한 인격신들 가운데에서, 천지를 주재하는"[84] 주권을 가진 최고신이 상제다. 뿐만 아니라 상제가 천지와 인간 삶을 다스리는 주재 권능은 원신, 즉 어디에도 있지 않음이 없고 하지 않음이 없는 조화의 천지 기운에서 기인한다. 그리하여 원신은 상제를 위해 존재의 밑자리와 조화권능의 원천이 돼 준다. 그

84 안경전, 『이것이 개벽이다』 上, 363쪽.

런 점에서 보면 원신은 상제를 포괄한다 또는 앞선다. 상제와 원신[천지의 조화기운]의 관계 혹은 양자가 조화되는 비법은 그와 같이 서로에게 뿌리가 되는 방식으로 서로 속하면서 한 몸을 이룬다는 것이다.

4) 성사成事는 인간의 몫

앞 절의 논의를 통해 하느님의 뜻은 인간으로 하여금 성숙한 인간, 완성된 인간으로 열매 맺도록 하는 홍익인간, 애인에 있음이 거듭 확인됐다. 신교를 열었을 때나 수운을 불러 천명을 내렸을 때 그리고 직접 강세하여 천지를 주재할 때 그것은 변함이 없다. 이제 그 인간농사의 과제는 이윽고 성숙의 계절인 가을에 들어 결실을 얻는다. 동시에 그것은 우주적 대변국을 극복하고서야 이뤄지는, 지난한 것이다. 그래서 가을에 들어서는 길목은 가장 위험한 국면인 동시에 선경세상이 열리는 호기다.

그렇지만 그 과업은 어떤 인간도 어떤 신명의 능력으로도, 설사 모든 신명들의 능력들이 모두 더해진다 하더라도 감당할 수 없는 것이기에 상제는 직접 이 세상에 내려온 것이다.

> "내가 이 공사를 맡고자 함이 아니로되 천지신명天地神明이 모여들어 '상제님이 아니면 천지를 바로잡을 수 없다.' 하므로 괴롭기는 한량없으나 어찌할 수 없이 맡게 되었노라."(『도

전』 4:155:1~2)

동시에 인간 열매를 거두는 그 일은 인간의 참여 속에 이룩된다는 데 그 특징이 있다. 더 자세한 설명에 앞서 을사(1905)년 원평院坪에서 있었던 다음과 같은 사건을 기억해 보자.

하루는 증산 상제께서 성도들과 함께 원평을 지나는데 문둥병에 걸려 흉측한 모습을 하고 있는 한 병자가 달려와 크게 울부짖는다. 이생에 죄를 지은 바 없는 자신이 전생의 죄 때문에 이 같은 형벌을 받는 것이라면 그 중죄를 용서하고 용서하실 수 없다면 차라리 죽음을 내려달라고 통곡하며 뒤를 따른다. 잠시 슬픈 표정으로 바라보던 증산 상제는 "내가 너를 고쳐 주리니 여기 앉으라." 하며 성도들로 하여금 그를 둘러싸고 대학의 첫 구절을 계속해서 외우게 하신다. "대학지도大學之道는 재신민在新民이라." 얼마 지나지 않아 "이제 되었으니 그만 읽고 눈을 뜨라."는 말에 모든 성도들이 읽기를 멈추고 눈을 떠 바라보니 병자는 완전한 새 사람〔新民〕이 되어 앉아 있었다.

병자는 기뻐 뛰며 춤추고, 성도들은 놀라지 않을 수 없었다. 그때 한 성도가 문둥병은 천형天刑이라 하여 고칠 길이 없는데 글을 읽게 하여 고치니 어떤 연고입니까 하고 묻는다. 증산 상제는 이렇게 대답한다.

"나의 도道는 천하의 대학大學이니 장차 천하창생을 새 사람으로 만들 것이니라."(『도전』 2:79)

또 다른 곳에서 같은 방식을 써서 치병하는 증산 상제는 성도들의 똑같은 질문에 "재신민在新民이라 하였으니 새사람이 되지 않겠느냐."(『도전』 9:186:6)라고 말한다.

새 사람이란 가을 천지의 조화기운으로 인간 열매, 성숙한 인간으로 거듭난 사람을 말한다. 그 인간 성숙 혹은 인간 농사가 당신의 도임을 천명하고 있다. 이는 또한 '재신민'이란 유교의 주요 이념도 당신의 도에서 그 궁극에 이름을 밝히는 것이기

원평 장터 모습. 원평을 지나던 상제는 성도들로 하여금 다음과 같은 글귀를 읽게 하여 문둥병자를 낫게 한다. "대학지도大學之道는 재신민在新民이라."

도 하다. 여기서 특히 흥미로운 것은 성도들을 내세워, 혹은 그들로 하여금 자신을 대신하여 글을 읽게 하여 치병, 다시 말하면 인간을 인간 열매로 새 사람으로 거듭 나도록 하는 일을 하게 했다는 것이다. 자신을 섬기고 자신의 가르침과 뜻을 실현하는 인간을 대행자로, 일꾼으로 삼았다는 것이다. 그들과 짝하여 인간 농사를 완수했다는 것이다.

이것을 증산도에서는 모사재천謀事在天 성사재인成事在人의 조화로 설명한다.

> "모사謀事는 내가 하리니 성사成事는 너희들이 하라."(『도전』 5:434:4)

모사재인하고 성사재천한다는 말이 있는데, 거기서 '인'과 '천'의 자리를 맞바꾼 것이다. 하늘이 일을 꾸미고 인간이 이를 완수한다, 매듭짓는다는 것이다. 하늘에 기도하며 광제창생의 포부를 키운 수운을 그 성사의 일꾼으로 삼아 불렀을 때 상제의 감격은 컸다.

> "나도또한 개벽이후 노이무공 하다가서 너를만나 성공하니 나도성공 너도득의得意 너희집안 운수로다"(「용담가」)

가을을 맞아 천지와 인간이 결실을 거두는 성공 앞에서 천주가 시천주의 인간을 만나는 기쁨을 한껏 흥에 겨워 노래한 것이다.

그런데 이 때의 인간은 이런 저런 일상의 인간이 아니다. 본성을 틔워, 우주 가을의 생명의 조화 바람인 지기에 화하여 하느님을 모시는 성숙된 인간, "시천주꾼"(『도전』 11:84:8)이다. 이들은 "내 마음이 곧 네 마음"(「논학문」)이라, 하느님의 마음자리를 찾은 "천심天心 가진 자"(『도전』 8:20:1)들이다.

이들이 하느님의 일을 실천하는 공완의 주역이 된다.

> "너희들은 선을 행하고 공을 세우라."(『도전』 3:185:13)

이들이 성사재인의 일꾼이 되어 하느님의 도를 세상에 전하고 개벽에 따른 대환란기에 사람을 살리고 신천지 위에 새 문명을 여는 역할을 한다. 그들은 "손에 살릴 생生 자를"(『도전』 8:117:1) 쥐고서, "우주의 조화옹이신 상제님을 모시고 상제님의 조화권으로 후천 개벽 문명을 새롭게 여는 것이다."(『도전』 2:19:1 측주) 곧 증산도에서 하늘의 뜻을 이루는 '성사'의 사역은 진리 전파와 인류 구원 그리고 새 세상 건설로 파악된다. 그것은 다시 광구천하, 광제창생의 포덕으로 요약된다.

> "공은 포덕布德보다 큰 공이 없느니라."(『도전』 8:24:2)

이것이 동세動世적 실천이라면 그것은 정세靖世와 구별되는 것이 아니라 정세를 포함하는 것으로서의 동세일 것이다. 여기서 비로소 종교와 정치, 이론과 실천이 가장 지극한 경계에서 겸전되고 일치된다.

그 살리고 통일하는 천지사업은 '의통醫統'이라고 불린다. 의醫는 살린다는 의 자며, 통은 도로써 새로운 세계 문명을 통일하고 경영한다는 통 자다. 그러기에 접화군생, 중생衆生을 접해 제 모습대로 살게 하는 도, 의통은 성업聖業이 아닐 수 없다. "대저 제생의세濟生醫世는 성인의 도道"(『도전』 2:75:9)에 속하는 것이다.

> 직자 의야 업자 통야 성지직 성지업
> "職者는 醫也요 業者는 統也니 聖之職이요 聖之業이니라.
> 천하의 직은 병들어 죽어 가는 삼계를 살리는 일(醫)이요 천하의 업은 삼계문명을 통일하는 일(統)이니라. 성스러운 직이요 성스러운 업이니라."(『도전』 5:347:17)

의통은 또한 그 성스런 일을 이루는 구체적 법방으로서 '실재하는 신물'을 의미한다. 그것은 상제의 조화권능과 권위를 상징하는 것으로서 가을개벽의 대환란기 때 나와 가족을 살리고 이웃을 살리는 구원의 실제적 활방活方이다. 의통에 무엇이 속하며, 그것들이 어떻게 쓰이는지 등 보다 상세한 논의는 여기서는 생략하기로 한다. 다만 의통은 하늘의 명〔天命〕과 조화권이 갈무리된 것이란 점에서 크게 보아 영부에 속한다고 볼 수 있다.

영부로서의 의통은 태을주란 주문을 바탕으로 한다. 의통이 유형의 신물이라면 태을주는 무형의 신권을 상징한다. 태을주는 "심령心靈과 혼백魂魄을 안정케 하여 성령을 접하게 하고 신도神道를 통하게 하며 천하창생을 건지는 주문"(『도전』 11:180:4)으로 규정된다. 즉 태을주는 "본심 닦는 주문"(『도전』 11:282:2)으로서 읽으면 마음이 깊어지고, 생명활동의 근본동력원인 수기를 받고 천지의 조화성신을 접한다. 이로써 제 본성을 찾아 상제를 섬기고 천지 신성과 하나 되는 경계에서, 추살의 개벽기를 극복하며 "만병을 물리치"고(『도전』 2:140:5) 장생하며 "만사여의萬事如意"한(『도전』 7:75:5) 조화를 짓는 선체仙體가 된다. 태을주로써 새 생명을 얻어 열매 인간으로 태일로 거듭나는 것이다.

태을주를 일러 "후천의 밥숟가락"(『도전』 7:73:3), "천지 어머니 젖줄"(『도전』 7:73:7)이라고 부르는 까닭이 거기에 있다. 요컨대 "태을주 공부는 신선神仙 공부"인(『도전』 7:75:4) 셈.[85] 신선이 되었던 환웅이 수도할 때 주문을 읽고, 웅녀가 주문을 읽어 환족의 일원이 되고 또 혼인하여 아이 낳음으로써 온전한 인간이 되듯이 말이다.

이로써 상제가 직접 펼친 '선도仙道'에도 신교의 유산인 영부와 주문이 간직돼 있음이 확인된다. 무엇보다 그것은 현실 역사 속에서 사람을 선의 세상으로 데려가는 선약으로 새롭게 살

85 태을주에 대해서는 안경전, 『개벽 실제상황』, 450~462쪽 ; 『생존의 비밀』, 232~240쪽 참조.

아나는 것이다.

하늘의 뜻을 이루는, 인간열매의 사역으로부터 천지는 조화와 통일 속에 바른 자리를 얻고 만물은 비로소 제 모습을 회복할 수 있게 되는 것이다. 그리고 그 새 하늘, 새 땅 위에 선경세상이 열려나가는 것이다. 상제를 모시고 가을 우주의 새 생명 바람인 지기와 하나 된 인간이 하느님의 도를 틀어쥐고 천하대세를 바로잡는 것이다.

"…이 때는 사람이 가름하는 시대니라."(『도전』 3:14:1)

이제는 "人人人地人天(인인인지인천)"(『도전』 9:185:4)의 때다.

이는 천지의 자식인 인간이 성숙된 인간으로 거듭나 천지를 위해 천지를 갱생시키는 것이라고 말할 수 있다. 하늘, 땅의 꿈과 목적이 인간 안에서 마침내 실현된다. 천지인 삼재三才 중에서 인간을 인일이라 하는 대신 큰 하나〔太一〕라고 부른 뜻이 거기에 있다.

誰識天工待人成(수식천공대인성).
하늘의 조화공덕이 사람을 기다려 완성됨을 누가 알았으랴.[86]

일부 김항 선생(1826~1898)의 영탄詠嘆이다. 수운과 같은 시대

86 여기서 사람은 증산도 사상에서 인간으로 온 상제와 함께 그 하느님에 의해 추수된 성숙한 인간, 열매 인간을 동시에 의미한다.

를 산 그는 정역을 창시하여 역 철학의 새 지평을 연 인물이다. 그의 말은 '공교롭게도' 상제가 수운을, 아니 수운으로 대표되는 시천주의 인간을 만난 것을 기뻐한 이유를 설명해 준다. 태모 고수부의 말은 더욱 간결하다.

"인생이 없으면 천지가 열매 맺지 못하나니"(『도전』 11:157:10)

따라서 도로써 천하를 살리는〔道濟天下〕 일은 인간을 낳고 길러 인간의 성숙을 묵묵히 기다려온 천지부모에 인간이 비로소 보답하는 보은의 길이다. 천지로부터 태어나고 자라는 생의 빚을 졌으니 인류를 살리고 만물을 건져 새 세상을 짓는 생으로써 "천지의 홍은弘恩"(『도전』 2:23:4)을 되갚는 것이다. 그랬을 때 인간도 자신의 참됨을 실현한 인간 열매로, 선仙으로 거듭난다. 다시 말해 무병장생의 새 몸을 얻고 만사지와 조화를 누리는 선이 되는 것이다.

그래서 제 본성을 찾아 새 역사 건설에 참여하라는, 가을 천지의 부름은 인간에겐 호의며 선물이다. 그리고 그에 응답하는 것은 감사함으로, 말하자면 천지의 호의에 대한 메아리로서 수행되는 것이다. 따라서 그 호소를 외면하는 것은 인간 삶의 의미를 저버린 것이며 배은의 삶으로 떨어지는 것이다.

"天地生人하여 用人하나니 不參於天地用人之時면

하 가 왈 인 생 호
何可曰人生乎아

천지가 사람을 낳아 쓰는 이때에 참예하지 못하면 어찌 그 것을 인생이라 할 수 있겠느냐!"(『도전』 2:23:3)

이로써 상제의 손으로 직접 펼친 '선도'는 다음과 같이 요약된다. 기도와 주문 등의 수행으로 참마음을 찾아 가을 천지의 조화성신인 지기에 화하라. 그 가운데 상제를 모시고 가을개벽기에 인류를 살리고 새 세상을 건설하는 상생의 공덕을 펼쳐서 인간 열매인 선으로 거듭나라.

여기서 신교에서 연원한 선의 이념이 궁극적으로 실현된다. 선의 원형은 상제 신앙과 하나로 결속돼 있으며, 성통과 공완의 조화로써 얻어지는 것이었다.

정성과 기도의 수행은 내 안에 깃든 신성의 발견이고 확장이다. 그리하여 천지의 조화성신과 하나 되는 마음자리〔一心〕에서 상제를 섬기는 것이다. 저 '아주 오래된 것'의 궁극적 개화는 천명을 좇아 남 살리고 나 살리는 상생의 실천을 통해 이뤄진다는 것이다. 그리하여 닦은 바 근기根機와 세상살이 다스리고 되게 하는 공덕이 하나로 만난다. 상제 신앙 안에서 성통과 공완이 일체가 되어, 선에 이르는 것이다. 즉 증산도에서 선은 천심가진 자들이 지은 공덕의 대가로 주어지는 가을의 과실 같은 것. 그럼으로 천통天通, 감화통感化通의 성격을 갖게 된다.

이와 함께 성통공완하면 조천하게 될 것이고, 나의 영부로 사람을 질병에서 건지고 나의 주문으로 사람을 가르쳐서 나를 위하게 하면 또한 장생하여 덕을 천하에 펴리라는 하느님의 말씀이 이뤄진다. 시천주로써 선의 결실을 맺을 수 있고, "신선이 되어야 너희 아버지를 알아볼 수 있"으리니(『도전』 11:199:9), 선을 성취해야 하느님을 바로 볼 수 있다는 것이다. 이것은 신교의 새로운 반복이다. 또 신교를 잇는 수운 동학에 심어진 뜻의 궁극적 완수다.

> "나의 가르침이 참동학이니라."(『도전』 2:94:9)
> "나를 믿는 자는 무궁한 행복을 얻어 선경의 낙을 누리리니, 이것이 참동학이니라."(『도전』 3:184:12)

수운을 만나 기뻐 노래했던 때는 지금도 상제가 고대하는 순간이다.

> "나도또한 개벽이후 노이무공 하다가서 너를만나 성공하니 나도성공 너도득의得意 너희집안 운수로다"

5) 다른 특성들

이렇게 해서 신교에서 싹트고 수운의 동학이 이어받은 선에서 그 중핵을 차지하는 시천주와 선이 상제의 도 안에서 어떻게 결실을 맺는지 살펴봤다. 이어서 신교의 또 다른 유산들은 어떻게 완성되는지 간략하게 짚고 넘어가 보자.

첫째 신교문화에 우주의 조화성신을 써 만물을 짓는 상제는 생명의 근원으로서 천지부모 또는 '아버지 하나님'의 자리에 있는 분이다. 신의 뜻을 세상에 폈던, 나라와 겨레의 조상인 국조삼신은 그의 자식이거나 화신, 대행자다. 신과 국조삼신 및 그 후손들은 부모와 자식이나 조손의 관계를 갖는다.

그리고 이 때의 '부'는 군사부일체로서의 부였다. 즉 상제는 생명의 근본으로서 우리를 낳고 스승으로서 교화하고 통치자로서 우리로 하여금 스스로 다스려 성숙되도록 한다.

상제의 강세와 더불어 이 관계는 참됨을 회복한다.

> "이제 원시반본이 되어 군사위君師位가 한 갈래로 되리라. 앞세상은 만수일본萬殊一本의 시대니라."(『도전』 2:27:4~5)

상제는 사람을 살리고 가르쳐서 인간 열매로 성숙되게 하고 새로운 선경문명을 다스림으로써 군사부일체로 존재하는 원리를 새롭게 밝히는 것이다.

> "상생의 도道로써 선경의 운수를 열고 조화정부를 세워 함이 없는 다스림과 말 없는 가르침으로 백성을 교화하여 세상을 고치리라."(『도전』 4:16:6~7)

상제는 새 생명을 주고 가르치고 다스리는 조화주이자 교화주며 치화주인 하느님, 군사부일체의 하느님임이 다시금 밝게 드러나는 것이다.

"앞으로는 지금과 같은 민주주의 세상도 아니고 군사부 일체로, 상제님이 군君도 되고 사師도 되고 부父도 되는 세상이다. 생아자生我者도 부모요, 양아자養我者도 부모라, 나를 낳고 기르는 것도 부모이지만 죽는 세상, 천지에서 개벽을 하는 때에 살리는 것도 부모이다. 또 상제님 진리를 신앙하니 상제님이 스승도 되고, 상제님 진리로써 5만년을 통치하니 상제님이 군주, 제왕도 된다. 그래서 군도 되고 부도 되고 사도 되신다…"[87]

또한 인간은 하느님의 진리를 만나 자신의 참됨을 찾고 그 뜻에 따름으로써 하느님의 성스런 '아들'로 다시 태어난다.

"사람은 잘나든 못나든 모두 천지자손이니라."(『도전』 11:189:6)
"하늘 아래 사는 놈은 다 내 자손이니 사람 대접을 잘하라."(『도전』 11:189:6)

아들, 딸을 지천에 둔 상제는 왜 아들이 없냐는 한 어린 소녀의 물음에 이렇게 말한다.

87 안경전, 『개벽 실제상황』, 479/480쪽.

> "네가 몰라서 그렇지 아들이 왜 없어? 천지가 다 내아들딸이요, 다 나를 받드는데. 아래로 살피면 아랫자식이요 위로 뜨면 큰자식들이 빙빙 도는데, 내가 자식을 둘 필요가 있겠느냐?"(『도전』 6:6:2~3)

신교문화의 또 하나의 축인 신과 인간 사이의 천손 혹은 조손 관계는 이렇게 해서 또한 결실을 맺는 것이다.

둘째 유불선의 핵심을 이루는 가치들이 상제의 도 안에서 이뤄짐으로써 삼교를 포함하는 신교의 특성이 온전히 구현된다. 예컨대 본성을 틔우고, 이웃을 살려 후천의 선 세상으로 인도하는 상생의 공덕을 펼침으로써 선으로 결실을 이루는 상제의 가르침은 유교의 여러 이념들이 궁극적으로 지향하는 것과 다르지 않다. 인간의 본성인 인〔人者仁也(인자인야), 仁是性也(인시성야)〕은 타인을 아끼고 사랑하는 마음〔愛人〕, 타인의 곤경을 차마 보지 못하는 마음〔不忍人之心(불인인지심), 惻隱之心(측은지심)〕의 단초를 이룬다고 했다. 인은 곧 사람과 사물들로 하여금 제대로 있도록, 제대로 잘 살도록 살리는 생이다. 인즉생仁則生, 인은 접하는 모든 것들마다 살릴 생을 불어넣는 접화군생接化群生의 덕이다.

인의 참 마음을 지켜 그것을 밖을 향해 펴라는 '충서忠恕'도 앞에서 언급한 이웃을 새롭게 살리는 재신민在新民 등의 이념 또한 인의 다른 표현으로서 상제의 도 안에서 완수된다. 아마도 불교의 자비 역시 근본에서 보면 모든 것이 제 본성에 따라, 하늘로부터 품부 받은 제 명에 따라 살도록 살리는 인의 가르침과 크게 다르지 않을 터. 뿐만 아니라 노장사상의 무위나 질박함 역시 그렇게 사는 것을 지혜로운 삶으로 말하는 것이 아니던가? 그런 저런 이념들은 하늘의 뜻에 따라 자신도 이웃도 인간완성을 이루도록 살리는 상생의 삶에서 가장 지극하게 실현된다. 곧 그 가치들 역시 궁극적으로는, 모든 것을 통일하고 조화하는 상제의 도[무극대도] 안에서 갈무리되게 될 것이다. 이 밖에 효나 제, 조상 숭배와 제사. 하느님과 인간의 관계 등 기존 종교의 여러 요소들은 상제의 도 안에서 새롭게 발견되고 진정한 의미를 발견할 수 있으리라고 본다.

이렇듯 상제의 도에서 기존 종교의 가르침들이 발견되는 것은 그것들의 모태이기 때문이다. 정확히 말하면 모태로되 순전히 시원의 그것[신교]이 아니라 완성된, 새롭게 성숙 통일된 모태다.

> "본래 유불선 기독교는 모두 신교에 연원을 두고 각기 지역과 문명에 따라 그 갈래가 나뉘었더니…"(『도전』 1:6:1)

또한 기존 종교가 일정한 시운에 따라 일정한 지역과 문명에 따라 발전한 부분적인 것임을 들어 이들이 상제의 도에 포함됨을 밝히기도. 다시 말해 그것들은 종합적, 통일적인 상제의 도에 속하는 구체적 계기들이라는 논리다.

> "受天地之虛無(수천지지허무)하여 仙之胞胎(선지포태)하고 受天地之寂滅(수천지지적멸)하여 佛之養生(불지양생)하고 受天地之以詔(수천지지이조)하여 儒之浴帶(유지욕대)하니 冠旺(관왕) 兜率(도솔) 虛無寂滅以詔(허무적멸이조)이라
>
> 천지의 허무〔無極〕한 기운을 받아 선도가 포태하고 천지의 적멸〔太極의 空〕한 기운을 받아 불도가 양생을 하고 천지의 이조〔皇極〕하는 기운을 받아 유도가 욕대를 하니 이제 인류사가 맞이한 성숙의 관왕冠旺 도수는 도솔천의 천주가 허무〔仙〕 적멸〔佛〕 이조〔儒〕를 모두 통솔하느니라."(『도전』 1:150:3)

선불유는 각기 허무와 적멸, 이조(통솔하여 가르침) 혹은 포태, 양생, 욕대(목욕을 시키고 옷을 입힘, 곧 가르쳐 인간의 모습을 갖추게 함)라는 시운 아래 태동됐다는 것이다. 이에 따라 천지의 허무한 기운을 받은 선은 우주의 시원자리를 향하는 것을 주제로 삼는다. 불은 적멸한 기운을 받는데, 여기엔 따로 설명이 필요하다. 불교에서 적멸이란 번뇌와 허망한 논의를 여읜 마음을 말한다. 그 고요한 마음은 본체, 법신法身에 해당한다. 또 불에 대한 또 다른 규정, "불지형체"에서 말하는 형체를 의미하기도. 아직 번뇌와 어리석음으로 때 묻지 않은, 이 생生을 붙잡고 보존하려는 것이 불의 근본이다. 이조의 기운을 받는 유는 천지가 운행하는 이치를 모범으로 삼아 인간 삶의 규범이나 도리를 밝히려고 한다.

시운에 따라 선불유가 갖는 그러한 특성은 포태, 양생, 욕대로 규정되는 것이다. 한편 '관왕'은 결혼하여 높은 지위에 오르는 것을 뜻한다. 나고 자라 이제 스스로를 다스릴 줄 아는 성숙에 이른, 인생의 완성기期, '황금기'를 가리킬 터다.

특기할 것은 기독교 역시 선천 종교로서 선에 속한다는 점이다. 기독교의 본질은 선도라는 것이다. 선도의 종지는 불멸의 생명인 선으로 화하여 영원한 기쁨과 평안을 찾는 데 있다. 기독교는 예수를 통해 신의 품으로 되돌아가 영생을 얻고 하나님의 나라를 맞이하라고 가르친다.[88] 그것은 특히 서양을 중심으로 발전하였기에 서선西仙으로 불리기도 한다.

> "삼도합일三道合一 태화세太和世 그 누가 알쏘냐."(『도전』 11:220:4)

이제 그 삼교는 성숙의 가을을 맞이하여 지상에 내려온 상제〔도솔천의 천주〕의 도 안에 종합된다는 것이다.

> "…선천의 선불유는 성숙한 것이 아니라 미숙한 것이었으므

88 기독교 구약은 이미 맨몸으로 승천한 에녹과 불수레를 타고 제자 앞에서 하늘로 올라간 엘리야 등 선맥을 계승한 빛나는 혼들에 대한 얘기를 담고 있다. 예수 자신 죽은 자 가운데서 살아나 천의무봉한 은빛 옷을 입고 승천함으로써 죽음의 권세를 극복한 부활 영생의 생생한 증인이 되고 있다. "나는 부활이요 생명이니 나를 믿는 자는 죽어도 살겠고 무릇 살아서 나를 믿는 자는 영원히 죽지 아니하리니 이것을 네가 믿느냐."(「요한복음」 11:25~26)

로 그 모든 것을 비벼 새로운 후천의 대도를 펼친다는 것이 증산의 관왕론이다."[89]

이에 따라 천지만물의 근원자리인 무無의 기운을 받아 태동된 선仙은 겨울에, 마찬가지로 영생의 도를 펴는 선에 속하면서도 역동적으로 크게 번성한 기독교는 여름에, 예의범절과 인륜을 펴 인간을 교화하는 유교는 봄에, 적멸한 기운을 받아 시공이 끊어진 진공경계인 마음을 쫓는 불교는 가을에 배속시킨다. 신교나 신교의 완성으로서의 선은 이 사시四時의 중심이거나 바탕일 것이다.[90]

또 앞의 인용문에서 시사된 바처럼 우주의 삼극(무극·태극·황극) 원리를 통해서도 설명된다. 여기서 삼극은 삼신이 지닌 덕성의 이법적 표현으로 이해된다. 삼극설은 일부 김항 선생(1826~1898)이 기존의 무극, 태극 개념을 재해석하고 여기에 황극을 종합하여 우주 생명의 실상을 밝힌 것. 이제 이를 삼교에 적

89 최정규, 「증산도의 관왕삼교론(1)」, 244쪽.

90 한편 또 다른 관점에서 불과 유, 기독교를 파악하기도. 마치 아직 자라지 않은 씨앗처럼, 다만 생을 머금고 있을 뿐인 적연하고 순수한 마음을 향하는 불은 생을, 예의범절로 인간을 교화하는 유는 장長을, 그리고 하느님을 모시고 영원한 생명을 구하는 기독교는 성을 상징한다. 그렇다면 불과 유, 기독교는 사시로 보면 각기 봄, 여름, 가을에 배속될 것이다. 여기서 신교와 그 완성을 고려하면 기독교가 보이는 성의 작용이란 진정한 성의 시대를 맞이하기 위한 준비에 지나지 않을 것이다. 다시 말해 참다운 시천주와 선의 도가 임박했음을 알리는 그런 의미에서 성이다. "내 가르침은 내 것이 아니요 나를 보내신 이의 것이니라."(요한복음 7:16) 한장경, 『주역·정역』, 79~90쪽 참조.

용하여 말하면, 허무한 우주의 시원자리로 돌아가 조화를 짓는 선은 무극, 적멸한 공의 세계, 즉 마음으로 복귀하여 자유와 열반을 구하는 불교는 태극에 자리 매겨진다. 그리고 이조의 기운을 받아 인륜을 가르치는 유교는 황극에 속한다.

삼신	삼재	삼극	삼진	삼교
조화신	하늘天	무극	성性	선仙(佺/슬기)
교화신	땅地	태극	명命	불佛(仙/덕)
치화신	사람人	황극	정精	유儒(倧/힘)

무극은 유형의 사물이 생겨나기 이전의, 지정지무至靜至無한 시원의 우주 상태를 말한다. 노자가 도라고 이르는 "유물혼성有物混成 선천지생先天地生"(『도덕경』 제25장)과 같은 경계다. 그것은 아직 음양으로 나누기 이전으로 허, 무[0]하다고 한다. 무극은 생생生生하려는 본성으로부터 완전히 통일돼 공空의 상태로 압축된다. 공이로되 무진장한 창조 가능성이 응축된 것이다. 여기서 물이 생한다. 이것은 이미 태극의 경계다. 1 수로 나타내는 태극은 곧 무극의 열림, 무극의 현실화를 뜻한다. 태극에서 음양의 운동이 마침내 시작되고 생동력 가득한 대자연이 펼쳐진다.

무극이 우주 창조의 본원이라면 태극은 창조와 우주의 본체를 이루는 셈. 태극의 분열 발전은 그 끝에서 다시 무극의 통일 수렴의 운동으로 변한다. 이때의 무극은 시원의 무극과 동일하지만 새로운 것이다.(전자를 0무극, 후자를 10무극이라고 구별하여 부르기도 한다) 눈앞에 일어나는 우주 변화의 실상은 서로 꼬리를 잡고 도는 두 변화 질서의 순환이다.

그리고 그 두 질서를 매개시키고 조화시켜 우주의 영원한 운동이 식지 않도록 하는 것이 황극이다. 5로 나타내는 황극은 이를 통해 무극과 태극의 이상을 온전히 드러내는 역할을 맡고 있다고 할 수 있다.[91]

하늘은 낳고 땅은 기른다고 했다. 모든 것을 낳고 또한 완성시키는 무극은 삼신이 지닌 조화의 덕성이나 천도天道, 모든 것을 성장 발전시키는 태극은 교화나 지도地道에 해당한다. 양자 사이에서 그것들의 영원한 순환을 주재하는 황극의 이법은 치화나 인도人道를 표상하게 된다.

허무한 천지 기운을 받아 조화를 주장하는 선, 텅 빈 참마음을 찾는 불, 하늘, 땅의 질서에서 인간의 마땅한 길을 이끌어내는 유교는 상제의 강세로 펼쳐지는 성숙과 통일의 도, 무극의 도 안에서 조화되고 완성된다. 이것은 마치 뿌리에서 줄기가 나고 꽃이 피고 그 꽃 진 자리에서 이슥고 열매 맺는 이치와 같다. 뿌리로 나타난 것이 상고시대의 신교라면 줄기고 꽃이 되는 것은 기존의 유·불·선이다. 열매는 신교의 주인인 상제가 직접 인

91 삼극론에 대해서는 안경전, 『증산도의 진리』, 19~25쪽 참조. 이밖에 문계석, 「무극·태극·황극의 존재론적 근거」; 양재학, 「무극대도 출현의 당위성」, 『증산도사상』 창간호 참조.

손과 손가락

우주 변화는 0(10은 완성이자 시작으로 0과 같다)과 1이 부리는 조화인 셈. 삼극의 조화는 우리 손 안에서 확인된다. "(열 손가락 중 엄지를) 들어 보면 곧 무극이니 10이다. (10을 굽히면) 10은 곧 태극이니 1이다. 1은 10이 없으면 그 체體가 없음이요, 10은 1이 없으면 그 용用이 없으니, 체와 용을 합하면 (중앙에 위치하는) 토土로서, 그 중中에 위치하므로 5이니 황극이다." 손을 펴고 엄지를 시작으로 손가락을 굽히고 펴면서 수를 1부터 헤아린다. 그러면 마지막으로 10을 세면서 엄지를 펴게 된다. 반대로 10부터 거꾸로 수를 헤아리면서 손가락을 굽혔다 펴면 이번엔 맨 나중에 펴는 엄지가 1이 된다. 10과 1은 체용관계로 일체를 이룬다는 것이다. 10과 1을 합하면 토土(=十+一)로서 중앙에 위치한다. 새끼 손가락에 해당하는 이 토의 자리가 5황극이다. 5황극은 10무극과 1태극의 사이를 이루면서 둘의 통합을 매개한다.

손과 손가락은 그밖에도 더 많은 것을 알려준다. 예컨대 손바닥의 앞뒤가 음양이라면 손가락 5개는 화, 수, 목, 금, 토의 오행이다. 손등과 손바닥 중 어느 게 음이고 양일까? 당연히 아래로 엎어져 땅을 향하는 손등이 양이 되고 뒤집어 하늘을 향해 위로 잦혀진 손바닥이 음이다. 음양에서 오행이 나오듯, 손의 양면에서 나온 다섯 손가락은 오행을 가리킨다. 그뿐인가? '갑을병정…'하는 10천간天干도, '자축인묘…'하는 12지지地支도 손 안에 들어 있다. 손만 잘 들여다봐도 우주의 비밀에 관해 많은 내용을 알 수 있는 것이다.

간으로 강세하여 선포한 새로운 성숙의 도, '관왕의 도'다. 그 열매 안에 천제문화와 선에 대한 궁극의 답이 무르녹아 있다.

> "이제 佛之形體(불지형체) 仙之造化(선지조화) 儒之凡節(유지범절)의 三道(삼도)를 통일하느니라. 나의 道(도)는 似佛非佛(사불비불)이요 似仙非仙(사선비선)이요, 似儒非儒(사유비유)니라. 내가 유불선 기운을 쏙 뽑아서 선仙에 붙여 놓았느니라."(『도전』 4:8:7~9)
>
> "지금은 여러 교教가 있으나 후천에는 한 나무에 한 뿌리가 되느니라."(『도전』 11:410:4)

이제까지 우리의 설명들에 대한 결론이 되겠다.

셋째 신교와 수운의 선에서 차지했던 영부나 주문의 역할 혹은 의미가 상제의 도에서 고스란히 살아나고 있다. 신교에서 천부인은 천명이 새겨진, 일종의 영부와 같은 것으로서 널리 인간을 이롭게 하는 수단이었으며 주문은 온전한 인간으로 거듭나도록 하는 것이었다. 하느님이 수운에게 밝힌 바에 따르면 영부는 사람을 병에서 건지는 것이었고 주문은 사람을 가르쳐 하느님 자신을 위하도록 하는 것이었다. 그리고 영부와 주문으로써 상제의 뜻을 잘 받들면 장생의 선이 약속됐다.

상제의 도에서도 의통은 그 정확한 실상은 밝히지 못했지만, 개벽기 환란에서 상제의 권능으로 사람을 건지는 유형의 실물임에 분명하다. 그리고 태을주는 가을천지의 조화성신을 받아내

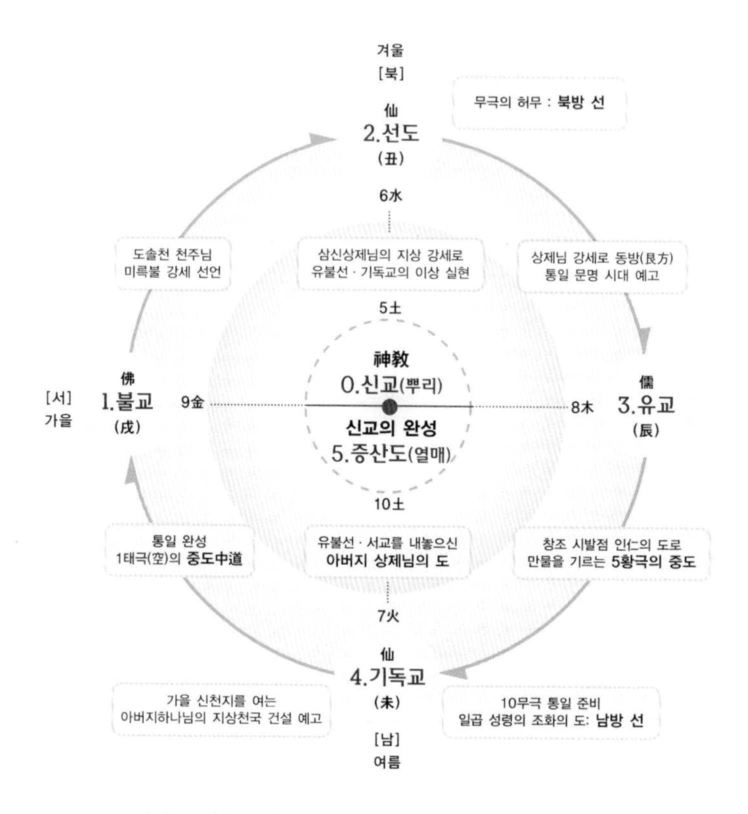

선천 4대 종교와 후천개벽을 여는 제3의 초종교 증산도

같은 선맥이지만 동선은 은둔적이고 서선은 7火의 기운으로 가장 번성하는 종교다.
교敎는 진리의 용用이며 도道는 체體다. 선천 종교는 모두 인류 문명의 꽃으로서 교이며, 제3의 후천 가을 종교만이 이들을 통일·결실하는 문명의 열매로서 우주 보편의 도道인 무극대도가 된다.
위의 도표에서와 같이 천지조화의 영靈기운의 순환 정신(空→ 水→ 木→ 火)에 따라,
4대 종교의 출현 순서도 우선右旋하여 '불교 → 도교(仙) → 유교 → 기독교' 의 순으로 이루어진다.
(안경전, 『개벽 실제상황』, 272쪽 참조.)

려 무병장생과 천지조화의 선으로 거듭나게 해 주고 의통과 더불어 사람을 살리는 생명의 주문, 조화의 주문이다. 그렇게 보면 신교의 시작에서 완성에 이르기까지 시종여일하게 영부와 주문은 선약이었던 셈이다.

신교의 또 다른 유산들에 관한 논의는 시천주와 선에 관한 것에 비하면 소략으로 끝난다. 물론 논의의 성격상 공정하고, 어떤 관점에서도 흡족한 주장을 전개한다는 것은 애당초 불가능한 것일는지 모른다. 그렇다고 그 점이 우리의 논의가 갖는 빈틈을 정당화시켜주지는 않는다. 논의에 담긴 주장들은 철저하고 폭넓은 후속 연구를 통해 확증되고 확장돼야 한다. 여기서는 그것이 어느 지점에서 어떤 방향에서 시도되는지, 보여준 것으로 이해돼야 한다.

결結

이제는 우리가 여태 걸어온 길을 되돌아 볼 때다. 이 글에서 하늘이 신교에 심은 싹이 수운을 거쳐 증산도의 구원론에서 어떻게 열매 맺는지 살펴보았다.

우리의 논의는 기존의 여러 문헌들에 나와 있는 신교에 대한 정의나 설명으로부터, 다시 말해 어떤 입장을 미리 내세움 없이 이미 주어진 것으로부터 출발했다. 여기서 상고 이래 우리 민족의 삶을 이끈 신교란 신을 중심에 둔 생활문화로서 제천과 선 혹은 하느님 신앙과 선의 연관이 특징적인 것으로 잠정적으로 규정될 수 있었다. 이와 함께 군사부일체의 하느님관, 영부와 주문, 삼교포함 등이 신교의 요소들로 드러났다. 이런 앞선 규정들을 따라 신교문화에서 삼신이라 불리는 신이 누구며 무엇인지, 그 신의 뜻이 무엇인지 살펴보았다. 이런 가운데 신교에 대한 규정들이 구체적으로 확증되고 그 내용이 풍부해졌다.

무엇보다도 신교의 중핵을 차지하는 것은 다음의 가르침으로 요약된다. 인간을 위하는 하느님의 뜻에 따라 하느님을 섬기고 본성을 틔워 상생 혹은 홍익인간의 공덕을 펼침으로써 완성된 인간, 열매 인간인 선으로 거듭나라는 것이다. 인간을 낳고 기른 천지와 천지의 주재자 상제의 공도, 인간 삶의 성패도 거기에 걸려 있다.

이런 신의 뜻은 국조삼신 이래 동방 한민족을 이끌었던 삶의 지표로서 부침을 겪었지만 결코 사라짐이 없이 이어져 왔다. 그리고 하늘의 부름을 받아 신교의 도맥을 계승한 수운 최제우에 의해 한때 폭죽처럼 역사의 전면에서 발화되기도 했다. 그 불멸하는 동방의 이념은 상제의 강세와 함께 새롭게 출현하는 진리 안에서 결실을 맺게 될 것이다. 이윽고 신교의 씨앗이 열매가 되는 것이다.

새로운 도 안에서 선의 새 생명을 얻을 때 천지와 하느님도 뜻을 이루고 인간은 하느님의 자식으로 새로 나 영원한 생명과 조화의 삶을 누리게 될 것이다. 그것이 천지와 하느님, 인간 모두가 바라는 바다.

도하지道下止,

도 아래, 열매 아래 머물러야 한다.

참고문헌

1. 경전류 및 1차 자료

증산도 도전편찬위원회, 『증산도 도전』, 대원출판, 2003.
일연 지음, 김원중 옮김, 『삼국유사』, 을유문화사, 2002.
안경전 역주, 『삼성기』 ; 『단군세기』 ; 『북부여기』, 상생출판, 2009.
단학회 연구부 엮음, 『환단고기』, 코리언북스, 1998.
북애 지음, 고동영 옮김, 『규원사화』, 한뿌리, 2005.
천도교중앙총부, 『천도교 경전』, 천도교중앙총부 출판부, 포덕 138.
이종휘, 『동사東史』, 소명출판, 2004.
왕 필, 『주역』, 길, 1999.
오강남 풀이, 『도덕경』, 현암사, 1999.

2. 단행본

김상일, 『수운과 화이트헤드』, 지식산업사, 2001.
김석진, 『대산의 천부경』, 동방의 빛, 2010.
김선주, 『인류문명의 뿌리 동이』, 상생출판, 2009.
김용옥, 『동경대전』 1. 통나무, 2004.
김정현 저, 노영균 역, 『국역 정역주의』, 아람, 2004.
김지하, 『동학이야기』, 솔, 1997.
김철수, 『일본 고대사와 한민족』, 상생출판, 2009.
도광순 편, 『神仙思想과 道教』, 범우사, 1994.
김교헌 지음, 고동영 옮김, 『신단민사』, 한뿌리, 2006.
민영현, 『선과 ᄒᆞᆫ』, 세종출판사, 1998.
신채호, 『조선상고사』 상, 형성출판사, 2003.
안호상, 『배달·동이는 동아문화의 발상지』, 한뿌리, 2006.
선도문화연구원 편, 『한국 선도의 문화와 역사』, 국제평화대학원대학교 출판부, 2006.
심백강, 『황하에서 한라까지』, 참좋은세상, 2007.
신일철, 『동학사상의 이해』, 사회비평사, 1995.
안경전, 『개벽 실제상황』, 대원출판, 2005.

안경전, 『이것이 개벽이다』上, 대원출판, 2002.
안경전, 『생존의 비밀』, 상생출판, 2009.
오지영, 『동학사』, 대광문화사, 1984.
왕대유 지음, 임동석 옮김, 『용봉문화원류』, 동문선, 2002.
우실하, 『전통 음악의 구조와 원리』, 소나무, 2005.
우실하, 『동북공정 너머 요하문명론』, 소나무, 2007.
우실하, 『동북공정의 선행 작업들과 중국의 국가 전략』, 울력, 2006.
윤석산, 『동경대전』, 동학사, 1998.
윤석산, 『초기동학의 역사 道源記書』, 신서원, 2000.
예문동양사상연구원·오문환 편저, 『수운 최제우』, 예문서원, 2005.
이덕일, 『한국사 그들이 숨긴 진실』, 역사의 아침, 2009.
이돈화, 『천도교창건사』, 경인문화사, 1070.
이세권, 『동학사상』, 늘하늘, 2002.
이찬구, 『천부경과 동학』, 모시는 사람들, 2007.
정재서, 『不死의 신화와 사상』, 민음사, 1994.
정혜정, 『동학·천도교의 교육사상과 실천』, 혜안, 2004.
조자용, 『삼신민고』, 가나아트, 1995.
최민자, 『동학사상과 신문명』, 모시는 사람들, 2005.
최민자, 『천부경, 삼일신고, 참전계경』, 모시는 사람들, 2005.
최영성, 『최치원 연구』, 성균관대 박사학위 논문, 1999.
최 인, 『한국사상의 신발견』, 오늘, 1988.
표영삼, 『동학』 1, 통나무, 2004.
한장경, 『周易·正易』, 삶과꿈, 2001.

3. 논문류

김상일, 「한국의 고대사상과 동학」, 동학학회, 『동학학보』 제5호, 2003.
김용환, 「단군 사상과 한류」, 강은해 외, 『한류와 한사상』, 모시는 사람들, 2009.
김한식, 「상고시대의 신관과 수운의 신관」, 동학학회, 『동학학보』 창간호, 2000.
노태구, 「동학의 무극대도와 통일」, 예문동양사상연구원·오문환 편저, 『수운 최세우』, 예문서원, 2005.
도광순, 「중국 고대의 신선사상」, 도광순 편, 『神仙思想과 道敎』, 범우사, 1994.
문계석, 「무극·태극·황극의 존재론적 근거」, 『증산도사상』창간호, 증산도사상연구소, 대원출판, 2000.
민영현, 「수운水雲 동학東學과 선仙, 동학학회 편, 『해월 최시형의 사상과 갑진개화운동』, 모시는 사람들, 2003.
박맹수, 「東學과 傳統宗教의 交涉」, 민족문화연구소편, 『동학사상의 새로운 조명』, 영남대학교 출판부, 1998.
박성수, 「한류의 역사적 배경」, 강은해 외, 『한류와 한사상』, 모시는 사람들, 2009.
안호상, 「동이족과 신선사상」, 도광순 편, 『神仙思想과 道教』, 범우사, 1994.
양재학, 「무극대도 출현의 당위성」, 『증산도사상』 창간호, 증산도사상연구소, 대원출판, 2000.
이정배, 「天符經을 통해서 본 東學과 多夕의 기독교 이해」, 한국신학연구소편, 『東洋思想』, 2008년 겨울호.
지준모, 「新羅道教의 生態的 考察」, 도광순 편, 『神仙思想과 道教』, 범우사, 1994.
변찬린, 「僊(仙) 攷」, 증산사상연구회, 『증산사상연구』 5집, 1979.
최정규, 「증산도의 관왕삼교론(1)」, 『증산도사상』 제5집, 증산도사상연구소, 대원출판, 2001.
황경선, 「수운水雲 최제우崔濟愚에서 선仙의 문제」, 『잃어버린 상제문화를 찾아서』, 상생출판, 2010.

찾아보기

ㅇ

ㅈ

ㅊ

ㅌ

ㅍ

ㅎ